# ANGUISH & JOY
## *AMARGURA Y DELEITE*

# A JOURNEY TO SERENITY
## *UNA JORNADA HACIA LA SERENIDAD*

POEMS AND VERSES TO ENJOY THE VIVIDNESS
AND EXQUISITENESS OF THE MOMENT

*POEMARIO Y VERSOS PARA GOZAR
DE LA INTENSIDAD Y EXQUISITEZ DEL MOMENTO*

JAIME R. CARLO-CASELLAS, PH.D.

**Anguish & Joy**
*Amargura y Deleite*

**A Journey to Serenity**
*Una jornada hacia la serenidad*

Poems and Verse to Enjoy the Vividness and Exquisiteness of the Moment
*Poemario y versos para gozar de la intensidad y exquisitez del momento*

JAIME R. CARLO-CASELLAS, PH.D.

*Teitelbaum & Bertrand Publishing*

**teitelbaumpublishing.com**

*ISBN: 978-0-9993519-8-7*

Cover photograph by licensed permission from Steven Young.

The photograph depicts the wild forest fires that had spread over the Mountain Center and into the San Jacinto Wilderness areas where we live in southern California, burning over 121,000 acres in the summer of 2018. The catastrophe is now considered the sixth most destructive fire in California history, destroying more than 4,000 residences. Six people, including a 70-year-old woman and two of her great-grandchildren, ages 4 and 5, were killed in the fast-moving fire. Two of the dead were members of the crews fighting the fire.

Steven's photograph illustrates the chaos and bliss sometimes experienced in the sun-drenched Coachella Valley in which we live, with days of chaotic wild fires and windstorms and days where the sun greets you gazing through illuminated clouds with mighty colors of red splashing through the clouds mesmerizing and inviting one to stare, deeply into the horizon forever.

To contact Steven, email him at: spyoungphoto@gmail.com.

The photograph of the palm trees with clouds in the background that introduce each section of the book is by licensed permission from Jim Mannix of Jim9Mannix Photography. To contact Jim, email him at: jimmann9@gmail.com.

"*Acknowledging that sometimes, often at very crucial times, you really have no idea where you are going or even where the path lies. At the same time, you can very well know something about where you are now (even if it is knowing that you are lost, confused, enraged or without hope).*"

~ Jon Kabat-Zinn, *Wherever You Go, There You Are: Mindfulness Meditation in Everyday Life*

*To those who have helped me sail on turbulent seas
without the fear of sinking.*

*A los que me han ayudado a navegar sobre mares
turbulentos sin temor a ahogarme.*

# THANK YOU

I am indebted to Jon Kabat-Zinn, Ph.D., and Saki Santorelli, Ed.D, who in the early 1980s guided me through the eight-week Mindfulness-Based Stress Reduction Program at the University of Massachusetts Medical School. It was Jon and Saki who made me recognize my purpose in life.

I would like to thank Beatriz Ramírez de Mercado, J.D., José de Jesús Mercado, Olga Rojas, and Robert W. Hollenbeck for their friendship, insight, and for copyediting the English and Spanish versions of the book.

I am forever indebted to my friend Dra. María del Socorro Guzmán Muñoz from the Department of Humanities and Social Sciences at the University of Guadalajara, Mexico, who edited the Spanish version of the first edition of my first book, *Chaos & Bliss* and who wrote the introduction to this one. Because of the impact Socorro has on her students and her understanding on those in need, the world is a much better place in which to live. When I reflect on my interactions with Socorro, I am reminded of the words of Lawrence G. Lovasik, "By being kind, we have the power of making the world a happier place in which to live, or at least we greatly diminish the amount of unhappiness in it so as to make it a quite different world."

My thanks go to my colleagues at the Stress Management & Prevention Center, Thomas Grexa Phillips and David A. Cutler, whose devotion and commitment to our philosophy and mission is deeply ingrained in our dedication to the needs of our clients, recognizing that we cannot rest on our laurels if we are to stay at the forefront of what mindfulness practice can do to help enrich our lives and that of others for the better.

I am beholden to my friend and mentor, Father Benedict Reid, who instilled the notion that the perfect religion is not the one carved in stone but the one you design yourself ~ the one that propels you to explore and fill the empty well within you.

My gratitude, respect, and love go to my close friend Madeline Murphy, whose praise and encouragement catalyzed the journey of putting on paper what eventually spawned into my first book of verse and poetry, *Chaos & Bliss*.

# AGRADECIMIENTO

Sobre todo, deseo extender mi agradecimiento a Jon Kabat-Zinn, Ph.D., y Saki Santorelli, Ed.D, quienes, a los comienzos del decenio de 1980, impartieron el programa de ocho semanas Reducción de Estrés Mediante la Plena Atención, o sea, Mindfulness-Based Stress Reduction, que tomé en la University of Massachusetts Medical School, en Worcester, Massachusetts. Fueron ellos quienes me hicieron reconocer el propósito de haber nacido.

Les extiendo las gracias a Beatriz Ramírez de Mercado, J.D., José de Jesús Mercado, Olga Rojas, y Robert W. Hollenbeck por su verdadero cariño y amistad, introspección y por la minuciosa revisión del texto en inglés y español del libro.

Estoy profunda y eternamente agradecido por el respaldo de la Dra. María del Socorro Guzmán Muñoz del Departamento de Letras, Centro Universitario de Ciencias Sociales y Humanidades, Universidad de Guadalajara.

También dirijo mi agradecimiento a mis colegas en nuestro Centro, Thomas Grexa Phillips y David A. Cutler por su alta entrega y compromiso a nuestra filosofía. Todos reconocemos que no podemos dormirnos en nuestros laureles sin comprometernos a mantenernos a la vanguardia en torno a los últimos avances en lo que "mindfulness" puede hacer para ayudar a mejorar nuestras vidas, así como las de los que acuden a nuestro Centro en búsqueda de alivio contra el sufrimiento atribuible a un sinfín de trastornos emocionales y físicos.

Deseo manifestar mi agradecimiento, respeto y cariño a mi amigo y mentor, Abad Benedict Reid, por inculcar el concepto de que la religión perfecta no es la que ha sido esculpida en piedra sino la que uno mismo ha concebido y labrado ~ aquélla que nos impulsa a explorar y llenar el vacío en la cópula interna de soledad.

Y para finalizar, extiendo mi agradecimiento, respeto y cariño a mi amiga, Madeline Murphy por sus laúdes y estímulos, los cuales catalizaron la escritura de lo que eventualmente engendró mi primer libro de versos y poesías, *Caos y Éxtasis*.

# INTRODUCTION

Dear reader, the book you are holding clearly shows the congruency between the author's belief system and the way he motivates others with his poetry and wisdom.

Doubtlessly, the coherence between Jaime's way of thinking and how he treats others is worthy of respect and admiration.

Jaime has always been a fervent and passionate follower of Aristotle's philosophy ~ that everyone must be treated equally and with the same respect ~ a theme that resonates throughout his work.

As to his vitality, auto revelation, and compulsive demands for freedom for the oppressed, as expressed by the Brazilian philosopher Paulo Freire in his magnum opus *Pedagogy of the Oppressed, Anguish and Joy*, reveal his democratic open-mindedness, sensitivity, and understanding of mindfulness (absolute attention) ~ a clear perception of the euphoric and disparaging moments that evolve from moment to moment that we experience as human being.

Once you begin to read this book the principal theme is immediately revealed. Jaime's poetry exposes the daunting dichotomy between man's cruelty and loving kindness towards one another. Moreover, we see this dichotomy emerge from the mayhem of the forest fires that destroy millions of acres, home, and claim so many lives in contrast to the idyllic sunrises and star-studded skies that adorn the southern California deserts where he lives.

On the other hand, as he says, the despair that we sometimes feel can create a profound and fundamental hopelessness, distress, powerlessness, and pessimism towards life and the future. Yet, if we learn to accept hopelessness, mindfully noticing how such emotions impact us, we are able to learn from anything ~ such as in the poem "Disasters."

> *Recognize and accept*
> *the ablutionary potential of disasters,*
> *lest we remain ignorant*
> *and miles away*
> *from the realms*
> *of truth.*

Another manifestation of his lyrical creativity is seen in the poem "Wounded Ego," in which his poetic intonations impel us to analyze why we should exalt the ego.

> *Yet,*
> *when your ego is exalted,*

*whence comes the exaltation?*
*From the need to quench*
*an untamable thirst for adulation...*
*or from a soul suffused with the euphoria*
*of having touched a sprout*
*and seen it bloom?*

As we continue our pilgrimage of being mindful of our anguish, the author alludes to our faults and errors or descends to the level of pathos, painfully stimulating and making us look into our "Inner Chambers of Presence," as in the poem "The House of Misperceptions."

*Let's enter that empty house*
*and challenge that faceless*
*mirror on the wall*
*to see discarded cravings*
*and tormenting suspicions.*

Finally, to summarize Jaime's philosophy on the meaning of life, I conclude by paraphrasing the last paragraph of his Preface:

*Until we can envision a small apartment, shared*
*by six sweaty "indocumentados" after an arduous*
*day of trimming rose bushes to adorn the gardens*
*of an exclusive residential development, we will not*
*recognize that we are integral members of the world*

*in which we live, that we all descend from the same maternal womb, that alone we can accomplish nothing that what is we might never see.*

María del Socorro Guzmán Muñoz, Ph.D.
Departamento de Letras
Centro Universitario de Ciencias Sociales y Humanidades
Universidad de Guadalajara

# INTRODUCCIÓN

El libro que tienes en las manos, amable lector, muestra plenamente la congruencia que existe entre las creencias de su autor y la manera en la que motiva a los demás con su poesía y conocimientos. Sin duda, la coherencia entre la forma de pensar y de actuar con la cual se conduce Jaime -autor de estos versos- es digna de respeto y admiración.

Jaime siempre ha sido un ferviente y apasionado devoto de la filosofía igualitaria de Aristóteles ~ que toda persona tiene que ser tratada equitativa y respetuosamente ~ temática que resuena a lo largo de su obra.

En torno a su dinamismo, autorrevelación y exigencia ineludible de la libertad para el oprimido, como lo expresa el filósofo brasileño Paulo Freire en su magnus opus, *Pedagogía del Oprimido, Agonía y Deleite* revela su liberalismo democrático, sensibilidad y entendimiento de la concientización (la plena atención) ~ la clara percepción de los eventos eufóricos, así como los momentos angustiosos con los que tiene que lidiar el ser humano a medida que va evolucionando.

Una vez que uno comienza a leer este libro, la temática principal se revela inmediatamente. La poesía de Jaime denuncia la imponente dicotomía entre la crueldad y la bondad amorosa del ser humano. Además, observamos que esta dicotomía emana del Pandemónium, tal como los fuegos forestales que destruyen millones de hectáreas, hogares y cobran múltiples vidas en comparación con los idílicos amaneceres y los cielos estrellados que embellecen el desierto sureño de California donde vive nuestro autor.

Por otra parte, como él expresa, la desesperación que a veces sentimos puede causar una profunda y existencial desesperanza, desamparo, impotencia y pesimismo hacia la vida y el futuro. Si aprendemos a aceptar las emociones relacionadas con esa desesperación, percibiendo en forma consciente cómo nos afecta, entonces seremos capaces de aprender de cualquier experiencia ~ ya sea positiva o negativa ~ como en la poesía "Desastres":

> *Reconoce y acepta*
>
> *la realizable ablución de desastres,*
>
> *ya que, sin ellos,*
>
> *permaneceríamos*
>
> *ignorantes y perennemente*
>
> *alejados de la verdad.*

Otra manifestación de creatividad lírica la encontramos en la composición titulada "Ego herido" en la cual la voz poética nos incita a analizar el porqué:

> *Ahora,*
>
> *si tu ego se siente apoteósico,*
>
> *¿de dónde emana la apoteosis?*
>
> *¿Es porque se aplaca*
>
> *la indomable sed de adulación... o*
>
> *porque el alma se recarga*
>
> *del deleite de haber tocado*
>
> *un capullo y verlo florecer?*

Continuando con la peregrinación de prestar atención a nuestra angustia, el autor alude a nuestras faltas y errores o desciende al nivel de patetismo, dolorosamente estimulando y extendiendo nuestra curiosidad de examinar más profundamente lo que existe dentro de lo que él denomina "nuestra interna bóveda de soledad" Tal como en la poesía "La choza de percepciones erróneas".

> *Entremos en esa choza vacía*
>
> *a desafiar aquel espejo sin rostro*
>
> *montado en la pared*
>
> *para bservar*
>
> *los descartados*
>
> *irrefrenables deseos y*
>
> *tormentosas sospechas.*

Finalmente, para resumir la filosofía de Jaime en la búsqueda de darle sentido a nuestra vida, concluyo parafraseando el último párrafo de su prólogo:

*Hasta que no logremos visualizar un departamento pequeño, compartido entre seis cansados y sudorosos indocumentados luego de un arduo día recortando arbustos de rosas para adornar los jardines de un exclusivo conjunto residencial, nosotros no reconoceremos que somos integrantes del mundo en que vivimos, que todos descendemos del mismo vientre materno, que solos nada podemos lograr y lo que esto significa quizás nunca lo veamos.*

María del Socorro Guzmán Muñoz, Ph.D.
Departamento de Letras
Centro Universitario de Ciencias Sociales y Humanidades
Universidad de Guadalajara
Guadalajara, México

# PREFACE

This collection of verse and poetry spawned from solitary, orphaned moments of anguish and contentment ~ titanic intents to alleviate the indefatigable desire to survive I would see in those who would come to the Stress Management & Prevention Center seeking relief from catastrophic experiences, such as child sexual abuse, addictive behavior, spousal exploitation, the horrors of warfare, or the pain of seeking answers to the unanswerable. It includes revisions of many of the poems and verses that appeared in my first book, *Chaos & Bliss.* The revisions were meant to spice up the flavor and meaning of the original version or the poems.

During those moments I would sit down and carve out these verses, which I would recite at the end of our mindfulness yoga and meditation sessions.

These sessions encompassed contemplation on the four fundamentals of mindfulness ~ the breath, thoughts that impinged on the mind, sensations in the body (interoception), and on recognizing that all conditioned existence, without exception, is impermanent, transient, evanescent, and inconstant.

To be frank, many would avail themselves of my classes to improve balance, endurance, flexibility, and strength.

Yet, most joined me for the contemplative aspects of the ritual that helped them "train the mind and change the brain" ~ that is, through the evidence-based neurobiological finding known as "neuroplasticity."

It is now well known that through neuroplasticity, mindfulness practice sharpens attentiveness, hones memory recall, improves information processing, enhances problem-solving, fosters the capacity to empathize more with others, reduces stress and anxiety, and assuages the symptoms of emotional and physical suffering.

Nonetheless, the most important thing mindfulness yoga does for us is that it helps us recognize our *raison d'être*:

We were born to be happy, make others happy, and alleviate the suffering of others. It is not something we do whenever we have extra time on our hands or when it's convenient. It's a commitment all of us must make to ourselves.

The ego is at the heart of the human experience ~ it is an inextricable part of our being.

Pagans, idolaters, the god fearing, or the quixotic may posit otherwise. Those who socratize, however, intuit that no matter how much we pray, meditate, or implore, we will never be able to purge the mind of the ego. It is like asking the heart to stop beating or the lungs to stop breathing. It is like trying to chase away the irrepressible detritus of the human cry that continually soars over us like a feral falcon.

But when the energy of egoism is directed toward inspiring and enriching the lives of others ~ even if it is that of wounded entrapped stag ~ the boundaries between "us" and "them" begin to dissolve.

As in the poem, "Wounded Ego," we must explore the reasons for an exalted ego. Is it exalted because of our achievements or is it elated because we have touched a bud and seen it bloom?

Anguish or contentment may be due to absurdity, to what we do or fail to do or to what others have done to us. They are unavoidable opposites that define each other. They come to the sinner and they come to the saint. They are the two sides of a coin that we, our friends, and foe flip into the air. And, it is the desire for the coin to land face up or face down that obfuscates the joy that lies in the unpredictability of the landing of the coin. Then, after it lands, we confront the hallucinogenic impulses to obey or disobey restraints and desires.

It is the anguish in our lives that either pummels us or propels us into the ambit of contentment, where we see and savor the essence, the reality of who we are. "Cruel Disasters" allow us to enter the realms in which we see ourselves as members of the human race struggling to survive in fields that often demarcate and divide us into theirs and ours.

When we have a deep perception of the meaning of love, we are able to comprehend the why of the pain we inflict on each other. With this perception we can begin to comprehend the arcane interpretations and costly efforts doctrine-centered sectarians spent on imposing dogmas that abrogate the rights of others.

Without this understanding, it would be difficult to recognize that when confused, angry, and scared we do things to each other that we would not do otherwise.

Yoga takes us into our Inner Chambers of Presence where we recognize that the only time for us to be happy is now, that the only place for us to be happy is here, and that the best way to be happy is to make others happy. This dimension of yoga provides us with balm needed to heal our negative outlook on suffering.

Through the practice of this style of yoga, we learn that until we envision a crowded one-man apartment where six sweaty "indoc-umentados" come to rest at night exuding the stench of a day spent trimming rose bushes to adorn the gardens of an exclusive, gated community, and enter the Inner Sanctum of these human beings, we will not be able to recognize that are we are integral members of the world we live in, that we all descend from the same maternal womb, that on our own we can do nothing, that alone we are nothing, and that what is, we may not see.

***Side Note:*** *That the poems and verses appear in two languages is not an afterthought. Some of the poems evolved in Spanish, others in English. This was attributable to the lyrical and romantic timbre of Spanish and the lexical and global diversification and richness of English.*

# PRÓLOGO

Esta colección de versos y poesía emanó en momentos solitarios llenos de amargura y deleite ~ titánicos intentos de aliviar el infatigable deseo de sobrevivir que captaba en el rostro de los que acudían al Stress Management & Prevention Center en búsqueda de alivio contra experiencias catastróficas, tales como abuso sexual en la niñez, comportamiento adictivo, violencia conyugal, los horrores psicológicos atribuibles a las guerras o el dolor atribuible a la búsqueda de respuestas a preguntas que retan la inteligencia humana. El libro incluye muchas de las poesías que aparecen en mi primer libro, *Caos y Éxtasis*, que he modificado con la finalidad de encender su sabor e intensificar su significado.

Durante dichos momentos, con calma escribía las poesías, las cuales compartía con mis estudiantes durante las sesiones de yoga y meditación.

Las sesiones abarcaban contemplación sobre los cuatro cimientos de concientización ~ la respiración, las sensaciones en el cuerpo (interocepción), los pensamientos que afectan la mente, así como el reconocimiento de que todo está en constante movimiento y cambio, sin excepción alguna, y de que todo es temporal, transitorio, evanescente e inconstante.

Francamente, muchas personas venían a mis clases para aprovecharse de los aspectos físicos del yoga ~ equilibrio, resistencia, flexibilidad y fuerza.

No obstante, la mayoría venía para aprovecharse de los aspectos contemplativos que les ayudaban a "entrenar la mente y cambiar el cerebro" mediante el hallazgo neurobiológico basado en evidencia científica conocido como "neuroplasticidad".

Mediante estudios científicos se ha documentado que, a través de la neuroplasticidad, la concientización intensifica la atención, perfecciona la memoria, acelera el procesamiento de información, mejora la capacidad de resolver problemas, promueve la capacidad de empatizar con el prójimo, reduce los niveles de estrés y ansiedad y alivia los síntomas de sufrimiento emocional y físico.

No obstante, lo más importante que el yoga meditativo nos enseña es reconocer nuestra razón de ser:

Nacimos para ser felices, brindarle felicidad a todo otro ser viviente y aliviar el sufrimiento del que sufre. No es algo que hacemos cuando no tenemos nada que hacer o cuando nos conviene. Es un compromiso que todos debemos adoptar.

El ego es parte esencial de la experiencia humana ~ es una inextricable parte de nuestro ser.

Habrá paganos, idólatras, temerosos de Dios o quijotescos que suelen plantear lo opuesto. Sin embargo, los socráticos señalan que por mucho que recemos, meditemos o roguemos, nunca podremos purgar la mente del ego. Es como pedir que el corazón deje de latir o que los pulmones dejen de respirar. Es como tratar de expulsar el irreprimible detritus del grito humano que perpetuamente ondula sobre nosotros como un gavilán salvaje.

Pero cuando la energía del egoísmo es dirigida a inspirar y enriquecer las vidas de otros seres vivientes ~ aunque sea la vida del atrapado, lacerado cervatillo ~ las barreras entre "nosotros" y "ellos" comienzan a disolverse.

Tal como en la poesía "Ego Herido", nosotros tenemos que analizar el porqué de un ego apoteósico. ¿Se siente apoteósico debido a nuestros logros o porque ha tocado un capullo y lo ha visto florecer?

Amargura o deleite puede emanar de absurdidad, lo que hacemos, lo que no hacemos o como hemos sido tratados. Son sentidos opuestos ineludibles que se definen mutuamente. Impactan al desgraciado y al bondadoso. Son los dos lados de la moneda que nosotros, nuestros amigos y enemigos lanzan al aire. Y es el deseo de que la moneda aterrice boca arriba o boca abajo que ofusca el placer que existe en el acontecimiento imprevisible del aterrizaje de la moneda. Luego, después de aterrizar, nosotros confrontamos el impulso alucinógeno de obedecer o desobedecer restricciones y deseos.

Es la amargura en nuestras vidas que nos golpea o nos impulsa hacia los ámbitos del deleite, donde vemos y saboreamos la esencia, la realidad de quienes somos. Crueles desastres nos permiten penetrar las esferas donde vivimos como miembros de la raza humana, luchando por sobrevivir en territorios que frecuentemente nos delimitan y dividen entre "ellos" y "nosotros".

Cuando hayamos captado una buena percepción del significado de "amor", nosotros podremos comenzar a entender por qué muchos seres humanos infligen tanto dolor al prójimo. Basándonos en esta percepción, nosotros podemos comenzar a comprender las arcaicas interpretaciones y costosos esfuerzos de los sectarios ortodoxos que intentan imponer dogmas que abrogan los derechos de otros seres humanos.

Sin este entendimiento, sería difícil reconocer que en un momento de confusión, rabia o pavor, actuamos en forma defensiva y cruel, lo cual no ocurriría en condiciones normales.

Yoga nos permite visitar nuestra Cópula Interna de Soledad y reconocer que el único momento de ser feliz es éste, que el único lugar donde uno puede ser feliz es éste y que la mejor manera de ser feliz es aliviar el sufrimiento del que sufre. Esta dimensión del yoga nos ofrece el bálsamo que necesitamos para aliviar nuestra perspectiva hacia la amargura cotidiana que frecuentemente tenemos que enfrentar.

Mediante este estilo de yoga, nosotros aprenderemos que hasta que nos imaginemos un departamento pequeño compartido entre seis cansados y sudorosos hombres indocumentados exudando el hedor de un día laborioso recortando arbustos de rosas para adornar los jardines de un exclusivo conjunto residencial, e identificarnos con el santuario interno de estos seres humanos, nosotros no podremos reconocer que somos parte integral del mundo en que vivimos, que todos descendemos del mismo vientre materno, que solos nada podemos lograr y que lo que es, quizás no lo veamos.

*Comentario adicional: El hecho de que los poemas y versos aparecen en dos idiomas no fue algo que se planteó al final. Algunos surgieron en español y otros en inglés. Esto fue atribuible a la entonación lírica y romántica del español, así como a la riqueza y diversificación léxica y global del inglés.*

# CONTENTS

## CONTENIDO

# ACCEPTANCE
## ACEPTACIÓN

*Ah, when to the heart of man*
*Was it ever less than a treason*
*To go with the drift of things,*
*To yield with a grace to reason,*
*And bow and accept the end*
*Of a love or a season?*

**~ Robert Frost**

# CREEK WATERS

*Watch the waters*
*of the undulating creek,*
*ignorant and unconcerned*
*with the spring*
*that gave them birth.*

*Watch them relinquish*
*to the impetuous interruptions*
*of crags, boulders,*
*and furrows of the earth.*

*Each ripple*
*unlike the one that was...*
*unlike the one that will be.*

*Watch them flow complacently*
*as they savor each blink*
*of the ecstatic pilgrimage*
*to shores unknown.*

# AGUAS DEL RIACHUELO

*Veis las aguas*
*del serpentino riachuelo,*
*ignorantes de y tan desinteresadas*
*en su engendrante manantial.*

*Veis cómo se resignan*
*a las impetuosas interrupciones*
*de peldaños y torsiones*
*que enfrentan.*

*Cada ondulación*
*discordante con la precedente...*
*con la venidera.*

*Veis cómo corren despampanantemente*
*saboreando cada travesía*
*de su extática peregrinación*
*hacia riberas desconocidas.*

# THE SPROUT

*It seems to be nothing...*
*is it?*

*What is this transitory sprout*
*of the natural world meant to do?*

*When the neglected garden*
*is fertilized and weeded*
*and the seedling gives its fruit,*
*then and only then will*
*this transient expression*
*of the natural world know, what to do*
*~ the work, the unique, single,*
*and discrete work the sprout and only the*
*sprout can do.*

*The work it was meant to do.*

*The work that it likes to do.*

# EL RETOÑO

*Aparenta ser nada…*
*¿lo es?*

*¿Qué puede hacer este*
*transitorio ente de la Naturaleza?*

*Cuando el descuidado jardín*
*es fertilizado y desyerbado*
*y el retoño brota,*
*entonces y sólo entonces*
*sabrá lo que este*
*efímero ente de la naturaleza sabrá*
*lo que puede hacer*
*~ la faena, la exclusiva*
*que el retoño y sólo el retoño puede hacer.*

*Lo que el retoño está destinado a hacer.*

*Lo que al retoño le encanta hacer.*

# STRUGGLING FLOWERS

*Rose...*

*desperately struggling to become an orchid,*

*painfully attempts the unachievable,*

*not recognizing its exquisiteness*

*until she meets a petulant daisy*

*desperately struggling to become a rose.*

# LA LUCHA DE LAS FLORES

*Rosa...*
*desesperadamente luchando*
 *para convertirse en orquídea,*
*dolorosamente intentando*
*lo inalcanzable,*
*sin reconocer su hermosura,*
*hasta percatarse*
*de la petulante margarita,*
*desesperadamente esforzándose*
*para transformarse en una rosa.*

# IF ONLY I COULD TELL YOU

*How I regret*
*my absence at my funeral!*

*I'll miss the pungent vapors*
*of burning tallow*
*and the moldy stench*
*of an apathetic angel's mural*
*hanging on the wall.*

*I'll miss my friends' tears*
*and the tacit cheers of those*
*who'd longed to see me gone.*

*Incongruous will be*
*the ennui of the vicar's*
*templated eulogy*
*reserved for those unknown.*

*I'll not hear the veiled curiosity*
*of those who wish to know*
*where I've passed on.*

*How I'd long to tell them*
*that my soul is neither*
*in brigs of hatred*
*nor in vaults of gold.*

*No matter how much they toil,*
*to discern why to this earth I've come, for*
*as dead I'll not reveal*
*where my transient corpse has gone.*

# SI SÓLO PUDIESE DECIRLES

*¡Cuánto lamento*
*mi ausencia en mi sepelio!*

*Falta me hará*
*el áspero efluvio*
*de las velas de sebo y*
*el hedor mohoso*
*del patético mural*
*del arcángel adornando la pared.*

*Echaré de menos*
*las lágrimas de mis amigos*
*y el tácito delirio*
*de los que deseaban mi partida.*

*Inapropiada será*
*la prototípica elegía*
*del vicario reservada para*
*fallecidos desconocidos.*

*No oiré la encubierta curiosidad*
*de los que desean saber*
*adónde he transcendido.*

*Cuánto desearía decirles*
*que mi alma no se encuentra ni*
*en bastiones fogosos,*
*ni en cúpulas de oro.*

*Por mucho que traten*
*de concebir porqué*
*a este mundo he venido,*
*jamás divulgaré*
*hacia dónde este*
*transitorio ser*
*ha transcendido.*

# WATERMELON SEED

*Unacknowledged watermelon seed.*

*Who are you?*

*What are you praying*
*for as you lie dormant*
*in this pile of fetid dung?*

*What are you praying for*
*with absolutely*
*unadulterated attention?*

*Are you praying for Providence*
*to let you sprout into a vine*
*that will yield*
*the sweetest of melons?*

*Are you praying*
*for an understanding*
*of the reality of absurdity?*

*Or, do you just accept that,*
*on the off chance,*
*the sweetest watermelon*
*you'll become?*

# LA SEMILLA DE SANDÍA

*Ignorada semilla de sandía.*

*¿Qué eres?*

*¿Para qué rezas yaciendo*
*tranquilamente*
*en esa pila de fétido excremento?*

*¿Para qué rezas*
*con castiza atención?*

*¿Rezas para que la Providencia*
*te haga retoñar en una de las más*
*sabrosas sandías del huerto?*

*¿O rezas*
*para entender la realidad*
*de la absurdidad?*

*¿O simplemente aceptas*
*la absurda probabilidad*
*de que en la más dulce sandía*
*del huerto te trasmutarás?*

# ROSE

*Ephemeral being of Nature,*
*endowed with fragrance, radiance...*
*and thorns.*

*Isn't imperfection*
*a euphemism for perfection?*

*Isn't perfection*
*a euphemism for imperfection?*

# ROSA

*Ser fugaz de la Naturaleza*
*dotada de fragancia, esplendor...*
*y púas.*

*¿No es la imperfección*
*eufemismo de la perfección?*

*¿No es la perfección*
*eufemismo de la imperfección?*

# ACCOUNTABILITY

## RESPONSIBILIDAD

*The responsibility of the great states
is to serve and not dominate the world.*

**~ Harry S. Truman**

# WEAPONS

*To pierce the heart*
*of a defenseless fawn*
*for the game of proving*
*dominance and skill.*

*To schizophrenically and*
*unkindly, torture,*
*terrorize, and kill*
*defenseless prey*

*for merriment.*

*To slay the putative enemy*
*that threatens our survival.*

*To ensnare prey*
*to feed my hungry tribe.*

*The agony*
*of having to decide.*

# ARMAS

*Masacrar*
*indefensos cervatillos*
*para tus destrezas comprobar*

*Esquizofrénica y*
*despiadadamente*
*torturar, aterrorizar*
*y matar indefensa*
*fauna en búsqueda*
*de pura embriaguez.*

*Exterminar*
*al putativo enemigo*
*que amenaza*
*nuestra existencia.*

*Atrapar la presa*
*para alimentar mi tribu.*

*La agonía*
*de tener que decidir.*

# PERSPECTIVE

*Bravely I try to salvage*
*the plight of the throng.*
*lackadaisically ignoring*
*the anguish of kith and kin.*

*Why can't I see,*
*that my lacks and scant resources*
*will not assuage*
*the plight of the throng?*

*Why can't I see,*
*that by trying to salvage*
*a forest without nurturing a tree,*
*that elusive forest would not be?*

# PERSPECTIVA

*Con valentía trato de salvar*
*la angustia de las masas,*
*desinteresadamente ignorando*
*el dolor y angustia*
*de mi tribu.*

*¿Por qué no percibo*
*que mis carencias*
*y restringido caudal*
*no caben para*
*aliviar el sufrimiento*
*de las muchedumbres?*

*¿Por qué no entiendo*
*que tratando*
*de salvar el bosque,*
*sin nutrir el árbol,*
*el elusivo bosque*
*no florecerá?*

# MEANING

*Why do we struggle*
*to puzzle out the meaning of our brief*
*peregrination on this planet?*

*Bees,*
*pollinate flowers.*

*Trees,*
*bear fruit.*

*Clouds,*
*yield rain.*

*Musician,*
*caress the strings of their harps.*

*Poet,*
*write poetry.*

*You,*
*reveal yourself,*
*lest your brief peregrination*
*on this planet*
*be for naught.*

# SIGNIFICADO

*¿Por qué batallamos*
*para descifrar*
*el enigma del significado*
*de nuestra breve*
*peregrinación*
*en este planeta?*

*Abejas,*
*polinizan flores.*

*Arboles,*
*ceden fruta.*

*Nubes,*
*derraman agua.*

*Músicos,*
*solfean y acarician*
*las cuerdas de sus arpas.*

*Poetas,*
*escriben poesías.*

*Tú,*
*manifiéstate*
*para que durante*
*tu breve peregrinación*
*en este planeta*
*no hayas malgastado tu vida.*

# DISTANT SHORES

*We don't give a damn*
*about goes on*
*on distant shores.*

*We can't see them,*
*they're their shores.*

*They don't give a damn*
*about what goes on,*
*on distant shores.*

*They can't see them,*
*they're our shores.*

# COSTAS LEJANAS

*¡Qué nos importa lo que*
*sucede en costas lejanas!*

*No las vemos,*
*son las de ellos.*

*¡Qué les importa lo que*
*sucede en costas lejanas!*

*No las ven*
*son las nuestras.*

# BUFFOONS

*How comically and ludicrously*
*buffoons attempt to explain*
*the mysterious and recondite.*

*How capriciously*
*they dimwittedly*
*eclipse the brilliance of sunsets*
*and the splendor*
*of desert terrains.*

*How malignantly these charlatans*
*approve of the recklessness*
*that destroys our planet.*

*How they bloviate and ignore*
*the violence of armaments*
*and succumb to the*
*cravings of thieves.*

# BUFONES

*Que cómica y ridículamente*
*tratan los bufones de explicar*
*lo misterioso y recóndito.*

*Con qué perfidia sofocan el*
*brillo del alba y esplendor*
*de desiertos sureños.*

*Con qué malicia aprueban*
*la insensatez*
*que destruye nuestro planeta.*

*Cómo se dedican*
*al verborreico político,*
*ignorando la violencia*
*de armamentos,*
*sucumbiéndose*
*a la codicia de ladrones.*

# CULTS

*Good Christian?*

*Good Jew?*

*Good Muslim?*

*Good Hindu?*

*Good Buddhist?*

*Empty shells?*

*Shells full of rituals,*
*stubbornness,*
*jealousy, and hatred?*

*Nonautonomous zombies*
*thatmetaphorically and pathologically*
*try to define our reason for being?*

# CULTOS

*¿Buen cristiano?*

*¿Buen judío?*

*¿Buen musulmán?*

*¿Buen hindú?*

*¿Buen budista?*

*¿Carapachos vacíos?*

*¿Caparazones tercos,*
*llenos de rituales,*
*dogmatismo, envidia y*
*odio?*

*¿Entes sin autonomía,*
*que metafórica y patológicamente*
*intentan definir*
*nuestra efímera existencia?*

# SEEDS

*Our journey on this planet*
*is but an enigmatic sojourn,*
*where some of us throw seeds*
*that fly through the air*
*to spawn into yellow-flowered parasites*
*that spoil the splendor of verdant lawns.*

*Or an enigmatic sojourn*
*of throwing seeds of encouragement*
*to land on fertile minds*
*longing to understand*
*the reason for our existence.*

# SEMILLAS

*Nuestra peregrinación*
*en este planeta*
*es una enigmática travesía*
*mediante la cual*
*lanzamos semillas al aire*
*que vuelan por los aires*
*a retoñar en florecientes*
*parásitos amarillos*
*que pudren céspedes hermosos.*

*O una breve jornada*
*mediante la cual lanzamos semillas*
*de aliento para fertilizar*
*mentes anhelando percibir*
*la razón fundamental*
*de nuestra existencia.*

# THE IRREPLACEABLE FLAME

*What you do*
*may diffuse as smoke*
*in the air with no other impact.*

*So might you think.*

*It may disperse as smoke that smothers*
*the fragile, cosmic speck we occupy.*

*It may impel carnage upon carnage,*
*for reasons unknown*
*~ reducing to nothingness our search*
*for happiness for lifetimes to come.*

*What you do*
*may snuff out the frail,*
*blink-of-an-eye existence*
*of an irreplaceable flame.*

*Yet, what you do*
*may stoke and rekindle*
*the frail, blink-of-an-eye existence*
*of that irreplaceable flame*
*for years to come.*

# LA IRREMPLAZABLE LLAMA

*Lo que haces*
*puede difundirse*
*como humo por el aire*
*sin impacto alguno.*⌊

*¡Qué traicionera la ignorancia!*

*Puede difundirse como humo que sofoca*
*el frágil granito cósmico que ocupamos.*

*Puede impulsar una cadena*
*de ilógicas masacres y aniquilaciones*
*~ reduciendo a la nada*
*nuestra búsqueda de felicidad*
*generación tras generación.*

*Lo que haces*
*puede extinguir*
*el endeble pestañeado*
*de nuestra existencia.*

*Sin embargo,*
*lo que haces puede resucitar*
*aquella endeble*
*irremplazable llama*
*infinitamente.*

# THE SYMPHONY

*From my barely-affordable,*
*third-balcony seat,*
*I discerned the orchestra.*

*In a stage*
*suffused by a soft blue glow,*
*sat the orchestra*
*tuning their instruments,*
*in elegant formal attire,*
*ready to explode*
*into a fiery symphony,*
*unachievable*
*without the concerted effort*
*of maestro and musicians,*

*Then, the delicate,*
*barely audible, ping*
*of the timid triangle*
*~ the indispensable small thread of*
*saffron*
*that completely changed*
*the flavor of the bouillabaisse.*

# LA SINFONÍA

*Desde el asiento barato*
*en el último palco*
*distinguí los músicos,*
*en un escenario*
*bañado en umbrosa fosforescencia de*
*luz azul,*
*afinando sus instrumentos,*
*en sus vestidos de gala,*
*listos para estallar en una furiosa*
*sinfonía,*
*irrealizable sin el concertado esfuerzo de*
*músicos y maestro.*

*De pronto, el delicado,*
*casi inaudible repicar*
*del temeroso triángulo*
*~ la ineludible hebillita de azafrán*
*que completamente cambió*
*el sabor del delicado tazón de*
*bullabesa.*

# IN THE NEWS

*Have you noticed the exploitation*
*of our passion for horror,*
*violence, and terror*
*~the pain and humiliation of others?*

*Why is it*
*that we surrender*
*to such manipulation?*

*Sagacious they*
*who have the grit to flout the comedy!*

*Disillusioning those*
*who fall prey to the game!*

# LAS NOTICIAS

*Se han preguntado,*
*¿por qué nuestra pasión*
*por la explotación*
*del horror, violencia, terror,*
*dolor y humillación de otros?*

*¿Por qué nos sometemos*
*a tal explotación?*

*¡Sagaces aquéllos*
*que tienen el valor*
*de burlarse de tal comedia!*

*¡Decepcionantes aquéllos*
*que se resignan al juego!*

# OUR BRIEF EXISTENCE

*Anger*
*~ energy that impedes.*

*Obstacle to flowering gardens*
*caressed by the serene evening dew*
*and the hands of a full moon.*

*In the distance the sound*
*of a train traveling*
*to unknown destinations*
*~ sound that slowly turns into the the*
*ashes of cremated cadavers thrown into*
*the wind to nourish illiterate gardens.*

*Ashes of sacrificed lambs*
*~ bells that toll the sound of our brief*
*existence, like the requiem of*
*an abandoned desert dove.*

# NUESTRA BREVE EXISTENCIA

*Rabia*
*~ energía que impide.*

*Obstáculo a jardines floridos*
*acariciados por el sereno nocturno*
*y las manos de una luna llena.*

*En la distancia*
*el silbido de un tren*
*que surca hacia*
*destinos desconocidos*
*~ silbido que desaparece lentamente*
*como las cenizas de cuerpos cremados*
*lanzadas al aire*
*para nutrir jardines iletrados.*

*Cenizas de sacrificados*
*toques de dobles*
*~ advirtiendo*
*nuestra breve existencia,*
*como el réquiem de una*
*abandonada paloma del desierto.*

# ODE TO DEAN

*As a visitor on this planet,*
*your visit is for naught,*
*lest you comfort the fatherless children*
*and abandoned woman looking for*
*happiness.*

*Bring them on board*
*to protect and love them*
*as beings in desperate need*
*of cuddling and comforting.*

*Minister*
*to the powerless, battered infant.*

*Tend to the fragile widow.*

*Experience the anguish*
*of your child's illogical crusades*
*to distant lands*
*to witness the carnage*

*of sentient beings*
*~ theirs and ours.*

*And knowing,*
*that the cuddled and comforted*
*will survive, you can end your visit.*

*Then, and only then,*
*will you know that*
*your brief visit on this planet*
*will not have been for naught.*

*Then, and only then,*
*will you know the why of our visit*
*~ the reason for your existence.*

# ODA A DEAN

*Como forastero en este planeta,*
*vuestra jornada hubiera sido en vano,*
*sin acoger*
*a los huérfanos*
*y a la abandonada mujer en*
*búsqueda de felicidad.*

*Y sabiendo que*
*los acogidos sobrevivirán,*
*concluirás vuestra jornada.*

*Entonces, y sólo entonces,*
*sabrás que vuestra peregrinación*
*en este planeta no fue en vano.*

*Sin ayudar*
*a la desamparada*
*y golpeada criatura.*

*Sin amparar*
*a la frágil enlutada.*
*Sin palpar la angustia*
*de las ilógicas cruzadas*
*de vuestros hijos*
*a tierras lejanas*
*a testimoniar la masacre*
*de seres vivientes*
*~ los de ellos, los nuestros.*

*Súbelos a tu nave,*
*protégelos y venéralos*
*como criaturas*
*que necesitan ternura y amor.*

*Entonces, y solo entonces,*
*sabrás el porqué de vuestra visita*
*~ el porqué de vuestra existencia.*

# WOUNDED EGO

*When the ego feels maimed or exploited,*
*nurture it,*
*acknowledging your goodness and virtues.*

*When the ego feels maimed or exploited,*
*nurture it as an infant that needs*
*cuddling and consoling,*
*acknowledging your goodness and virtues,*
*knowing that at any given moment*
*the soul is neither absolutely sane nor*
*insane.*

*Look for and exalt*
*the treasures within you,*
*comprehending that external validation*
*can be manipulative, capricious, or vain.*

*Yet,*
*when the ego is exalted,*
*whence comes the exaltation?*
*From the need to quench an untamable*
*thirst*
*for adulation... or*
*from a soul suffused with the euphoria*
*of having touched a sprout*
*and seeing it bloom?*

# EGO HERIDO

*Cuando tu ego se siente*
*herido y engañado,*
*nútrelo,*
*percibiendo*
*tu generosidad y virtudes.*

*Cuando tu ego se siente*
*herido o engañado,*
*nútrelo y consuélalo*
*como si fuese*
*una criatura que necesita cariño*
*y tranquilízate,*
*sabiendo que la diferencia*
*entre la cordura y la demencia*
*es imperceptible.*

*Verifica y exalta*
*los tesoros en tus entrañas,*
*comprendiendo que*
*la validación externa*
*suele ser caprichosa y vanidosa.*

*Ahora,*
*si tu ego se siente apoteósico,*
*¿de dónde emana la apoteosis?*

*¿Es porque se aplaca*
*la indomable sed de adulación... o*
*porque el alma se recarga*
*del deleite de haber tocado*
*un capullo y verlo florecer?*

# HIGH TEA

*With your finest dishes*
*set your table.*

*Serve the finest of teas and*
*dishes from your kitchen.*

*Greet the guests as they arrive*
*~ the invited and the non-invited.*

*The ones with tailored fashion*
*and the ones with mended garment.*

*Greet them all with*
*warmth and kindness,*
*even if it's unrequited.*

*Ignore not*
*the ones who babble*
*or the ones pained*
*with simian temptations.*

*And when the soiree is over,*
*kindly bid them farewell,*
*silently remembering that*
*though we all*
*have fragile dreams,*
*like wailing babes,*
*we all descend from*
*the same maternal womb.*

# LA HORA DEL TÉ

*Con tu porcelana fina*
*acomoda la mesa.*

*Ofrece el té más fino y*
*tus más deleitables platillos.*

*Recibe a los invitados*
*~ fuesen o no convidados.*

*Al ataviado*
*con moda de alta costura y*
*al de prenda caprichosa.*

*Incluye a los*
*que hablan con billetera robada y*
*a los que sufren con tentaciones simias.*

*Y cuando el té haya terminado,*
*despídelos con cariño,*
*recordando que,*
*aunque todos gozamos*
*de frágiles sueños,*
*como criaturas que sollozan,*
*todos provenimos*
*del mismo seno materno.*

# REALMS UNKNOWN

*I see you confronting death*
*with expressions of fear,*
*anguish, despair, and doubt.*

*How exasperating it must be*
*to confront the inescapable pilgrimage we*
*all must take into Realms Unknown!*

*Where do we disembark*
*when this fleeting expression of Nature*
*gives up its palpable form?*

*What happens*
*to the garden we leave behind?*

*Have you used your wisdom and love*
*to tend and fertilize your garden*
*so that its flowers and roses*
*continue to express*
*the fragrance and magnificence of*
*their being?*
*If you have,*
*as this fleeting manifestation*
*of Nature transcends*
*to Realms Unknown,*
*you will not have lived your life for naught.*

*You will not have squandered away the*
*garden that was entrusted to you.*

# REINOS DESCONOCIDOS

*Te veo enfrentando la muerte*
*con máscaras de miedo,*
*duda, dolor y desesperación.*

*¡Qué angustioso tiene que ser*
*el enfrentar la ineludible peregrinación que*
*todos tenemos que recorrer*
*a Reinos Desconocidos!*

*¿Dónde desembarcaremos*
*cuando esta efímera*
*expresión de la Naturaleza*
*rinde su estado carnal?*

*¿Qué ha de ser del huerto*
*que se nos ha consignado?*

*¿Hemos destinado nuestra sabiduría y amor*
*para cultivar y fertilizar nuestro huerto*
*para que sus flores y rosas sigan expresando*
*su fragancia y color*
*al partir a Reinos Desconocidos?*

*Si así hubiese sido, cuando esta fugaz*
*manifestación de la Naturaleza*
*transcienda a aquellos Reinos,*
*no seremos sentenciados culpables de haber*
*desperdiciado nuestra vida.*

*No seremos juzgados*
*de haber descuidado*
*el huerto que se*
*nos ha encomendado.*

# ADDICTION

## ADICCIÓN

*To fall into a habit*
*is to begin to cease to be.*

**~ Miguel de Unamuno**

# CRAVING

*How tyrannical the obsession*
*and what the mind does*
*to evade thinking.*

*How untamed the compulsion*
*to capture a droplet*
*of transitory ecstasy.*

*What must the inner crypt*
*of my loneliness do*
*to attain unfeigned bliss.*

# IRREFRENABLES DESEOS

*¡Qué tiránica la obsesión*
*y lo que la mente hace*
*para evadir la lógica!*

*¡Qué indomable la compulsión*
*de capturar una gota*
*de felicidad transitoria!*

*¿Qué tengo que hacer para lograr*
*el verdadero éxtasis y la auténtica*
*alegría en la honda*
*bóveda de mi soledad?*

# DESPAIR

*Helplessness*

*Loathed*

*Vulnerable*

*Rejected*

*Inadequate*

*What agony!*

*How gray*
*and encroaching!*

*Is this to perpetual?*

*What must the psyche*
*do to end this*
*conundrum?*

# DESESPERACIÓN

*Desamparado*

*Repudiado*

*Vulnerable*

*Rechazado*

*Inadecuado*

*¡Qué agonía!*

*¡Qué decepción*
*y agonizante usurpación!*

*¿Cómo manipular la psique*
*para evadir esta insolente*
*situación?*

# MOSAICS

*Little tilets of different*
*shapes, contours, and colors.*

*What would the mosaic*
*of our existence be without you?*

*Sober or inebriated,*
*after we are given life,*
*we grow into little tilets*
*pressed into mosaics of...*

*Scenes of lovers*

*or*

*Scenes of angry,*
*schizophrenic, choleric*
*Faustian demons*
*searching for the unreachable.*

*Inevitably we are recycled*
*to fit into new mosaics of...*

*Scenes of lovers*

*or*

*Scenes of angry,*
*schizophrenic, choleric*
*Faustian demons*
*searching for the unreachable.*

# AZULEJOS

*Pequeñitos azulejos de diferentes*
*colores, contornos y formas.*

*¿Qué sería del mosaico*
*de nuestra existencia sin vosotros?*

*Sobrios o ebrios,*
*desde que nacemos, nos tornamos*
*en azulejos encajados en mosaicos de…*

*Escenas de amantes*

*o*

*Escenas de esquizofrénicos,*
*decepcionantes demonios,*
*en búsqueda*
*de lo inalcanzable.*

*Azulejos que comienzan
a pudrirse e ineludiblemente
reciclados para ser encajados en nuevos
mosaicos de...*

*Escenas de amantes*

*o*

*Escenas de esquizofrénicos,
decepcionantes demonios, en búsqueda*

*de lo inalcanzable.*

# VIOLENCE AND FEAR

*How violent*
*the nefarious hawk*
*to the sparrow!*

*How fearful*
*the supplicating sparrow*
*of the hawk!*

*How violent*
*the matriarchal sparrow*
*to the hawk!*

*How fearful*
*the confused hawk*
*of the sparrow!*

# VIOLENCIA Y PAVOR

*¡Qué violento*
*el nefasto gavilán*
*con el gorrión!*

*¡Qué temeroso*
*el suplicante gorrión*
*ante gavilán!*

*¡Qué violento*
*el matriarcal gorrión*
*con el gavilán!*

*¡Qué temeroso*
*el confundido gavilán*
*ante gorrión!*

# THOUGHTS

*Arrogant*
*and demanding.*

*The more I fight them,*
*the more they plague me.*

*The more they plague me,*
*the more I fight them.*

*Is this to be an implacable,*
*cyclical, vicious gridlock?*

# PENSAMIENTOS

*Arrogantes y demandantes.*

*Mientras más los combato,*
*más me fastidian.*

*Mientras más me fastidian,*
*más los combato.*

*¿Seguirá siendo esto*
*un implacable, cíclico*
*y vicioso enfrascamiento?*

# HOUSE OF MISPERCEPTIONS

*Let's journey*
*to the house*
*of misperceptions.*

*Let's tread*
*through an acre of foul odor*
*to the empty house*
*filled with delusive pains*
*and sorrows*
*that plague us with*
*shadowy, misleading*
*illusions*
*and confront the trumpet*
*sounds of distressing*
*apparitions.*

*Let's enter that empty house*
*and challenge that faceless*
*mirror on the wall*
*to see discarded cravings*
*and tormenting suspicions.*

# LA CHOZA DE
# PERCEPCIONES ERRÓNEAS

*Andemos hacia la choza*
*de percepciones erróneas.*

*Caminemos sobre aquella vereda*
*de fétido hedor*
*hacia la choza vacía*
*llena del dolor y sufrimiento*
*engañoso que nos atormenta*
*con sus sombrias y engañosas*
*ilusiones para enfrentar*
*el sonido de trompetistas*
*soplando estresantes*
*fantasmas que*
*enturbian la psique.*

*Entremos en esa choza vacía*
*a desafiar aquel espejo sin rostro*
*montado en la pared*
*para observar*
*los descartados irrefrenables deseos y*
*tormentosas sospechas.*

# SORROW AND ANGER

*Sorrow and anger that shackle*
*and disrupt the everydayness*
*of our existence,*
*strip us of our happiness*
*and shroud our genius.*

*Welcome them*
*and let them haunt you.*

*Harsh sorrow and anger must come*
*to detonate unexplored regions*
*of our inner depths*
*eclipsed by our resistance*
*to acknowledge*
*their ablating powers.*

*Uncover their message,*
*lest you fail to discover,*
*learn and flourish.*

# MELANCOLÍA Y RABIA

*Melancolía y rabia esclavizan*
*y trastornan la cotidianidad*
*de nuestra existencia,*
*despojándonos de felicidad*
*y ofuscando nuestro genio.*

*Acéptalas y déjalas hostigarte.*

*La melancolía y rabia cruel*
*tienen que detonar y desencadenar*
*inexploradas esferas*
*de nuestra cópula interna de soledad*
*eclipsadas por nuestra resistencia*
*a reconocer sus poderes paliativos.*

*Despliega sus mensajes,*
*para que no dejes de aprender y florecer.*

# THE TEMPEST

*How wicked*
*the unexpected tempest!*

*How cruelly and unexpectedly*
*it triggers unguarded memories*
*unleashing unrestrained grief*
*~ an unattainable, indefatigable*
*effort to survive ~ spawning*
*uncontrollable urges*
*and pernicious compulsions*
*that transform the brain*
*into a buzzing, confused beehive*
*suffused with helplessness,*
*agony, and pain.*

# LA TEMPESTAD

*¡Qué traicionera*
*la imprevista tempestad!*

*Aquélla que cruelmente desencadena*
*infatigables y endebles recuerdos*
*~ recuerdos de aquella*
*amargura que enmaraña*
*el inasequible esfuerzo para sobrevivir*
*~ expulsando una incontrolable y*
*urgente necesidad y compulsión*
*maléfica que en el cerebro se oye*
*como el zumbido de una colmena de abejas*
*rebosándose de agotamiento, agonía y dolor.*

# THE JUNIPER

*Bright sunny afternoon*
*whipped by gusts of brutal relentless*
*winds, whence an ember of dubious*
*origin sets ablaze*
*a singularly elusive mountain*
*shaped by the mysterious glow*
*of nightfall's sun.*

*Scenario teeming with fauna*
*struggling to escape from the*
*excruciatingly painful*
*inferno suffused with pestilential*
*odors and loathsome vermin.*

*Slapped by care-the-less,*
*malevolent flames,*
*a lonely, innocent juniper*
*surrenders its branches*
*to the flames.*

*And when merciful Providence*
*extinguishes the flames,*
*the lonely juniper stands*
*naked, looking like an old man*
*with work-tortured hand,*
*in a grayish cloud of smoke,*
*pierced by thin rays of light,*
*unaware of the small cluster of life*
*deep inside its scorched trunk.*

*Depressed and saddened,*
*the limbless juniper fails to see*
*that even with scorched*
*branches, a juniper it will*
*continue to be.*

# EL ENEBRO

*Brillante tarde azotada por ráfagas*
*de brutales e inagotables vientos,*
*donde una chispa de origen desconocido,*
*enciende una serena montaña*
*esculpida por el misterioso*
*resplandecer del sol*
*que del día se despedía.*

*Escenario colmado de fauna*
*luchando para escaparse del*
*punzante y doloroso infierno*
*infundido por el pestilente y*
*repugnante olor de cadáveres.*

*Abofeteado por*
*inconmovibles*
*malévolas llamas,*
*un solitario e inocente enebro*
*rinde sus ramas.*

*Y cuando la misericordiosa*
*Providencia extingue las llamas,*
*el solitario enebro*
*se encuentra desnudo, como*
*un anciano con manos*
*nudosas talladas por años*
*de ingrato trabajo,*
*inmerso en una sombría*
*nube punzada por delgadillos*
*rayos de sol, inconsciente de que*
*dentro de su incinerado tronco*
*existía una pequeña pincelada de vida.*

*Deprimido y triste,*
*el desmenuzado enebro*
*no puede darse cuenta*
*que aún sin sus ramas,*
*un enebro jamás*
*dejará de ser.*

# GOVERNED

*Know you not that*
*without a government*
*you were born?*

*Can't you see*
*how the government*
*tries to smother*
*your prophetic skills?*

*Can't you see*
*that without a government,*
*from this planet*
*your soul will depart?*

# GOBERNADO

*¿Sabéis*
*que sin gobierno naciste?*

*¿Veis cómo el gobierno*
*intenta demoler*
*tus tus proféticas habilidades?*

*¿Sabéis,*
*que sin gobierno*
*tu jornada*
*sobre este planeta*
*terminará?*

# DISCERNMENT

*Cruelly my mind*
*eclipses my inner opulence,*
*indefatigably clinging*
*to wounds that beleaguer,*
*yielding to internal,*
*devious thoughts*
*that obscure the inimitable*
*exquisiteness deep inside*
*my inner realms*
*~ the ones that I, and only I,*
*can discern and disseminate.*

# DISCERNIMIENTO

*Cruelmente*
*mi mente eclipsa*
*mi intrínseca opulencia,*
*infatigablemente aferrándose*
*a heridas que hostigan*
*aquellos íntimos, tortuosos pensamientos*
*que ofuscan la inimitable exquisitez*
*en una cripta privilegiada*
*~ los que yo, y únicamente yo,*
*puedo validar y diseminar.*

# THE TROLL

*Crossing a bridge*
*I was pushed into the bog*
*where with tentacular tenacity*
*a troll ensnared me and I the troll.*

*Was it ecstasy or horror,*
*this absurd ensnarement?*

*Bliss or loathing?*

*To no avail the struggle*
*to release the grip.*

*Is this to be perpetual?*

# EL OGRO

*Cruzando mi*
*puente*
*fui lanzado al pantano*
*donde con tenacidad*
*tentacular me agarró el*
*ogro al cual me*
*aferré.*

*¿Era éxtasis o*
*pánico este*
*absurdo aferramiento?*

*¿Odio o deleite?*

*Inútil el esfuerzo*
*de desaferrarme*
*del grotesco ogro.*

*¿Será siendo esto*
*angustia perpetua?*

# THE COVE

*Solitude and danger engulf me,*
*as I seek the cove*
*to endure the tempest*
*that endangers my nave.*

*Where's the salutary cove*
*to shelter me*
*from the gales that terrorize*
*the mind and flesh?*

*The chaos and agony*
*that slay the weak and lost.*

*Yes, the cove*
*where safe and protected I'd be.*

# LA ENSENADA

*La soledad y el peligro*
*me amenazan*
*mientras busco la ensenada*
*para protegerme*
*contra la tempestad*
*que pone en riesgo mi nave.*

*¿Dónde está la salubre ensenada*
*que me proteja*
*contra la malvada tormenta*
*que aterroriza*
*la mente y el cuerpo?*

*El caos y la angustia*
*que saquean*
*al aniquilado y perdido.*

*Sí, la ensenada,*
*donde amparado y resguardado*
*me encontraré.*

# DUSTY MIRROR

*Dark gloomy morning*
*adumbrating*
*unfulfilled promises.*

*Crusty eyes,*
*evading the reality*
*of the breath*
*of merciful winds.*

*On a mirror*
*covered with fine, greyish dust*
*reflects a pathetic, forlorn face.*

*What would that face look like*
*on a dusted and polished mirror?*

# EL ESPEJO POLVORIENTO

*Mañana mustia y negra*
*ensombrecida por*
*promesas irrealizadas.*

*Ojos lagañosos,*
*evadiendo la realidad*
*de despertar*
*y abordar la barca*
*que surca mares desconocidos,*
*en búsqueda del aliento*
*de brisas misericordiosas.*

*En un espejo opacado*
*por capa fina de polvo grisáceo*
*se refleja una cara*
*patética y abandonada.*

*¿Cómo se reflejaría esa cara*
*en un espejo limpio y desempolvado?*

# EMANCIPATED BUTTERFLY

*I feel the aphrodisiac*
*palpitations and tremors*
*evoked by images that propel*
*irrepressible enslaved desires.*

*Manipulative images that*
*beguilingly tempt me,*
*making me surrender to*
*indomitable quixotic desires.*

*Lightning bolts that ignite*
*my velveteen sarcophagus*
*of arduous temptations!*

*How to replace them*
*with the innocuous thirst*
*for domesticating*
*the quixotic sarcophagus*
*of enslaved desires, to caress*
*the dormant chrysalis*
*and see it sprout into*
*an emancipated butterfly.*

# EMANCIPADA MARIPOSA

*Siento las afrodisíacas*
*palpitaciones y temblequeos*
*evocados por imágenes*
*que impulsan*
*irrefrenables deseos enjaulados.*

*Imágenes manipuladoras*
*que hechiceramente*
*tientan la renuncia*
*a aquellos indómitos*
*deseos quijotescos.*

*¡Relámpagos que encienden*
*mi aterciopelado cascarón*
*lleno de tentaciones fogosas!*

*¿Cómo reemplazarlos*
*por la sed inocua*
*de domesticar*
*el quijotesco mausoleo*
*de deseos enjaulados,*
*para poder acariciar*
*la durmiente crisálida*
*y verla brotar en emancipada mariposa?*

# I FOLLOWED YOUR PATH

*I took the path you took*
*~ the path taken by*
*simian mentalities*
*chasing histrionic dreams.*

*Took it,*
*without a momentary pause*
*to consider the destiny*
*of hallucinatory nightmares.*

*And, wrestling*
*with delusions*
*on a path carved*
*with inescapable desires,*
*I had great regrets.*

# SEGUÍ TU EJEMPLO

*Seguí tu ejemplo*
*~ tomé el camino de*
*mentalidades de origen símico,*
*persiguiendo sueños histriónicos.*

*Lo tomé,*
*sin hacer una breve pausa*
*para considerar*
*las secuelas*
*de sueños alucinantes.*

*Y luchando con espejismos*
*en una vereda labrada*
*con inescapables deseos,*
*lloré profundamente.*

# DISASTERS

*Cruel disasters must come*
*unlock regions*
*of our inner plains*
*we have failed to explore*
*~ uncharted regions obfuscated*
*by our reluctance to recognize*
*the obsessions and cravings*
*that destroy us*
*with ensuing tragedy and pain.*

*Subliminal regions*
*that conceal*
*the inimitable work*
*we have been sent to do.*

*The unique genius that we,*
*and only we, can give.*

*Acknowledge and accept*
*the ablutionary potential of disasters,*
*lest we remain ignorant*
*and miles away*
*from the realms of truth.*

# DESASTRES

*Crueles desastres*
*tienen que desenmascarar*
*las llanuras que no hemos explorado*
*~ inexplorados ámbitos, ofuscados*
*por nuestra resistencia*
*a reconocer las obsesiones y deseos*
*que nos destruyen*
*con incandescente tragedia y dolor.*

*Ámbitos subliminales que ocultan*
*la inimitable faena*
*que se nos ha consignado.*

*La dádiva y el genio que nosotros*
*y sólo nosotros, podemos ofrecer.*
*Reconoce y acepta*
*la realizable ablución de desastres,*
*ya que, sin ellos,*
*permaneceríamos*
*ignorantes y perennemente*
*alejados de la verdad.*

# EQUANIMITY
## ECUANIMIDAD

*He who has a thousand*
*friends has not a friend to*
*spare,*
*and he who has one*
*enemy will meet him*
*everywhere.*

*~ Ali ibn-Abi-Talib*

# GLASS OF WATER

*Some see it as half empty,*
*others see it as half full.*

*The clever and wise see it*
*as brimming with*
*the fire and compassion*
*of a garden, suffused*
*with the fervent perfume*
*of summer's orange blossoms.*

# VASO DE AGUA

*Algunos lo ven medio lleno,*
*otros lo ven medio vacío.*

*El perspicaz lo ve colmado*
*con el fuego y compasión*
*de un jardín imbuido*
*con el apasionante perfume*
*veraniego de naranjos.*

# THE IGNORANT AND THE WISE

*Vapid*

*~ the knowledge of the ignorant!*

*Compelling*

*~ the ignorance of the wise!*

# EL IGNORANTE Y EL SABIO

*¡Insípida,*
*~ la sabiduría del ignorante!!*

*Imponente,*
*~ la ignorancia del sabio.*

# MUDDY AND PUTRID LAKES

*From a dark and deprived*
*tadpole emerges a beautiful,*
*yellowish-green frog*
*speckled with delicate brown spots*
*to rest on a floating plate-like leaf*
*from which sprouts a bluish lotus*
*bathed by early-morning rays of daylight.*

*On the bottom of the muddy, putrid*
*lake swims a golden red carp*
*leisurely devouring*
*the fetid excrements*
*of frogs and tadpoles*
*and the remains*
*of deceased lotuses.*
*How evocative the surface*
*of muddy, putrid lakes!*

*How intriguing*
*the bottom of muddy,*
*putrid lakes!*

# FANGOSOS Y APESTOSOS LAGOS

*De oscurillo y depravado renacuajo*
*emerge una hermosa verde-amarilla rana*
*salpicada de delicadas manchas pardas*
*a sosegarse sobre una flotante hoja ancha*
*de la cual brota un azulado loto bañado*
*por la primera luz del día.*

*Nadando en el fondo*

*del fangoso y apestoso lago,*
*una lujosa, dorada carpa color carmín*
*perezosamente devora los fétidos*
*excrementos de renacuajos y ranas*
*y los desperdicios de fallecidos lotos.*

*¡Qué evocativa la superficie*
*de fangosos y apestosos lagos!*

*¡Qué intrigante*
*el fondo de fangosos*
*y apestosos lagos!*

# THE WOMB THAT ENGENDERED HIM

*Without the womb that engendered him,*
*it's the frenetic and intractable desire*
*to occupy the grips and body*
*of the perceived worthless neonate.*

*Demons incarcerated in*
*loathsome dungeons*
*dictating the inferiority*
*of corpses dressed*
*with white-winged feathers.*

*It's the withered petals*
*that sing entombed desires*
*known only by unknowns.*
*It is the soul*
*~ depository*
*of the frame of reality*
*that would be invisible*
*where it not for the page*
*blasted with the splash of ink*

*from the pen of the*
*demented poet.*
*Realities that would go undivulged*
*without the sound of*
*a mortified violin.*

*Without the clock of marble*
*that smiles*
*In a park of vagabonds.*
*Without the scaffold*
*etched by the vibrant taconeo*
*of flamenco dancers*
*enjoying the uproar*
*of a wild herd of*
*violent castanets.*

*It is the reverberation*
*that spawns*
*from the womb*
*that engendered him.*

# EL VIENTRE QUE LO ENGENDRÓ

*Sin el vientre que lo engendró,*
*es el frenético e irrefrenable deseo*
*de ocupar las manos y cuerpo*
*en el percibido inútil infante.*

*Demonios encarcelados*
*en calabozos*
*que dictan la inferioridad*
*de cuerpos vestidos*
*de plumas blancas.*

*Son los marchitados pétalos*
*que cantan deseos enjaulados*
*que sólo la mente conoce.*

*Es el alma*
*~ depositario del cuadro*
*de la realidad*
*que no se observaría*
*sin la página salpicada*

*por el chorro de tinta*
*que brota de la pluma*
*de un poeta enloquecido.*

*Realidades que no se divulgarían*
*sin el sonido de un violín abochornado.*
*Sin el bloque de mármol*
*que sonríe en un parque*
*de vagabundos.*

*Sin el tablado tallado*
*por el taconeo de*
*bailarines flamencos*
*gozando del ruido*
*de un rebaño de*
*castañuelas violentas.*
*Es el son que emana*
*del vientre que lo engendró.*

# FAÇADES

## MÁSCARAS

*I would much rather have men ask me*
*why I have no statue,*
*than why I have one.*

**~ Cato the Elder**

# PAINT AND PLASTER

*Paint, plaster and mirrors*
*foolishly attempt to cover*
*the worn-out surface*
*of walls that mask deep,*
*decaying foundations.*

*Mirrored hallways idiotically*
*try to filter out*
*the short-lived existence*
*of decomposing walls.*

*Even the stone-erected walls*
*of Roman bastions*
*cannot prevail*
*against façades of marble.*

*Such as lavish garb*
*fails to mask*
*our perfidious attempts*
*to disguise the marrow*
*of our corruption.*

*Yet, veneers as these*
*are not necessary for us*
*who struggle against mortality*
*with days of remission*
*and evenings of exacerbation*
*to sail fearlessly*
*on turbulent seas,*
*without the fear of sinking.*

# PINTURA Y ARGAMASA

*Pintura y argamasa*
*intentan, sutilmente,*
*cubrir las desgastadas superficies*
*de paredes que enmascaran*
*podridos y apolillados cimientos.*

*Pasillos espejados*
*estúpidamente*
*tratan de filtrar*
*la corta existencia*
*de deterioradas paredes.*

*Hasta los muros de piedra*
*de bastiones romanos*
*no alcanzan a prevalecer*
*ante fachadas de mármol.*

*Tal como el esplendor*
*de atavío lujoso*
*es incapaz de enmascarar*
*nuestros pútridos intentos*
*de disfrazar nuestra*
*médula de corrupción.*

*Aun así,*
*dichos carapachos*
*no son necesarios*
*para que nosotros,*
*que luchamos*
*contra la mortalidad,*
*gozando de días de remisión*
*y sufriendo días de exacerbación,*
*podamos navegar,*
*intrépidamente,*
*sobre la superficie*
*de turbulentos océanos,*
*sin el miedo de ahogarnos.*

# COMEDIAN

*Show me the comedian, the wise one*
*who pensively reels in the comedy*
*of our everydayness.*

*The perceptive one who sees the façade*
*of our presumptuousness*
*~ the one without*
*whose nonsense we'd not see*
*the cesspit of our existence.*

# COMEDIANTE

*Muéstrame el comediante,*
*el sagaz bufón*
*que sensatamente*
*reconoce la comedia*
*de nuestra cotidianidad.*

*El perceptivo que se percata*
*de la fachada de nuestra insolencia*
*~ sin el cual no percibiríamos*
*el pozo negro de nuestra existencia.*

# NAKEDNESS

*On a warm summer morning*
*on the banks of a diaphanous lake*
*inebriated and naked,*
*I yield to the refreshing breezes of*
*summer that erotically caressed*
*my submissive, bronzed skin.*

*And in my nakedness, I felt*
*a pulsating exquisiteness*
*in the marrow of my existence.*

*And I shuddered.*

*Garments*
*~ what presumptuousness!*

*Feigned dignity*
*in the dark well of reality.*

*Can fancy embroidered*
*blouses of fine linen*
*entomb infernal grotesque realities*
*hermetically*
*concealed in a crypt full of ghosts and*
*fears ~ ghosts and fears christened as*
*sins.*

*With fancy attire a muddled, motley*
*cadre of dancers dancing to the tune of*
*an inebriated guitarist.*

*Naked, an unarmed*
*an ecstatic choir of homophone*
*performers of Bacchanalian fugues*
*singing and dancing on a stage devoid of*
*indecisiveness and senselessness.*

*In the twilight of the evening*
*a herd of complaisant black and white*
*sheep, carved by an immigrant sculptor,*
*in search of adulation from their peasant*
*village shepherd.*

# DESNUDEZ

*En cálida mañana veraniega*
*a la orilla de diáfano lago*
*me encontraba embriagado*
*en mi desnudez, abdicándome*
*a las refrescantes brisas de verano*
*que eróticamente acariciaban*
*mi sumisa bronceada piel.*

*Y en mi desnudez*
*sentí la exquisitez*
*que palpitaba en la médula*
*de mis entrañas.*

*Y me estremecí.*

*¡La ropa*
*~ qué insolencia!*

*Fingida dignidad*
*del pozo negro de la realidad.*

*¿Pudiese sepultar una lujosa blusa bordada de lino fino*
*infernales y grotescas realidades herméticamente*
*sepultadas*
*en una cripta llena de fantasmas y recelos*
*bautizados como pecados?*

*Disfrazados, enredo de abigarrados histriones*
*danzando al son de guitarristas borrachos.*

*Desnudos,*
*como un desarmado y extático coro*
*de homófonos protagonistas*
*de fugas Bacanales*
*cantando y bailando*
*en tablas desniveladas y agrietadas.*

*En los crepúsculos de la noche*
*un rebaño de sosegadas ovejas blancas y negras*
*labradas por un inmigrante escultor,*
*bajo el testarudo sol del día,*
*quejándose y batallando*
*en búsqueda de favores*
*de su villano pastor.*

# LOVE AND COMPASSION
## AMOR Y COMPASIÓN

*Lovers, you are a weaving of the spring,*
*woven of earth and water, wind and sun.*
*The mountains in your panting chest,*
*and spun into your eyes the fields are blossoming.*

*Tejidos sois de primavera, amantes, de tierra y*
*agua y viento y sol tejidos.*
*La sierra en vuestros pechos jadeantes, en los ojos*
*los campos florecidos.*

**~ Antonio Machado**

# RESONANCE

*Beloved,*
*let my joy*
*reverberate with yours.*

*My pain*
*bespeak your sorrow.*

*Let our song resonate,*
*as the apotheosis*
*of romantic music.*

*Let the pas-de-deux we dance to,*
*interlace and intertwine us...*
*lest we fail*
*to know compassion.*

# RESONANCIA

*Idolatrada,*
*que mi deleite refleje el tuyo,*
*tus angustias las mías.*

*Que nuestra copla resuene*
*como la apoteosis*
*de una sinfonía romántica.*

*Que nuestra danza*
*nos estremezca*
*para que no olvidemos*
*el embrujo*
*de nuestro amor y*
*compasión.*

# THE LADY IN THE MAZE

*In the middle of the maze*
*confused and despaired,*
*she stands, paralyzed,*
*forgetting where she's been*
*and not knowing where to go.*

*And you,*
*who can traverse the maze*
*in the shadows of the night*
*knowing where you've been*
*and knowing where to go,*
*step in to offer the*
*gift without expectation*
*of journeying her through a maze*
*of bewilderment and chaos.*

*And in the middle of the maze,*
*guiding her to mysterious places,*
*you carry your valise full*
*of bewilderment and chaos of*
*your own.*

# LA MUJER EN EL LABERINTO

*En el medio del laberinto*
*se encuentra, confundida y desesperada,*
*totalmente paralizada,*
*sin saber dónde estuvo,*
*sin saber adónde proceder.*

*Y tú,*
*que sabes surcar el laberinto*
*en los crepúsculos de la noche*
*sabiendo dónde has estado*
*y hacia dónde proceder,*
*te acercas a ofrecerle*
*el inesperado gesto*
*de guiarla a través del laberinto*
*de tormento y confusión.*

*Y en el centro del laberinto,*
*procedes a ambularla*
*a ámbitos misteriosos,*
*cargando tu bitácora llena*
*de tus propios*
*tormentos y confusión.*

# WHEN NOTHING GOES RIGHT

*I was thirsty*
*and the cold spring water*
*failed to quench my thirst.*

*I was hungry*
*and the honey and mana from heaven*
*failed to quell my hunger.*

*Yesterday the shade from the oak tree*
*failed to ease*
*the heat of the noon-time sun.*

*And just this morning,*
*I stopped by the orphanage*
*by the old abandoned,*
*country road*
*to see the orphans seek*
*unattainable dreams.*

*And,*
*my thirst was quenched,*
*the hunger gone,*
*and the oak-tree shade*
*cooled the heat*
*of the noon-time sun.*

# CUANDO NADA SATISFACE

*Tenía sed*
*y el manantial primaverezco*
*no logró saciar mi sed.*

*Estaba hambriento*
*y la miel y maná de los cielos*
*no logro calmar mi hambre.*

*Ayer la sombra del frondoso roble*
*no aplacó el caluroso sudor del mediodía.*

*Esta mañana me detuve ante el orfelinato*
*cerca de la carretera abandonada*
*a curiosear a los huérfanos*
*soñar sobre inalcanzables sueños.*

*Y,*
*sorprendentemente, mi sed fue saciada,*
*mi hambre calmada*
*y la sombra del roble*
*aplacó el caluroso*
*sudor que me sofocaba.*

# SONG AND DANCE

*Why does a frenetic internal flamenco*
*awaken the vibrant exquisiteness*
*that surrounds and embraces*
*our evanescence?*

*Why does a pas-de-deux*
*ignite an uncontrollable urge*
*to compenetrate*
*with our beloved with passion?*

*Why does Gregorio's Miserere*
*thwart and depress*
*the mania and fire*
*that ignite and excite*
*the flicker of our existence?*

*Why dance to the tune*
*of melancholic ballads*
*when a tango can suffuse us*
*with the instinct*
*to embrace the tempest*
*that loudly trembles*
*in our inner*
*chamber of presence?*

# CANCIÓN Y DANZA

*¿Por qué será que*
*un frenético flamenco*
*despierta la arrebatadora*
*exquisitez que rodea y abraza*
*nuestra evanescencia?*

*¿Por qué será que un*
*pas de deux enciende*
*el incontrolable deseo*
*de compenetrarnos*
*con nuestra idolatrada*
*candentemente?*

*¿Por qué será que*
*el Miserere de Gregorio*
*sofoca y apaga el fuego*
*que enciende y excita la llama*
*de nuestra fugaz existencia?*

*¿Por qué bailar al son*
*de baladas melancólicas*
*cuando un ardiente tango*
*nos rebosa con la tentación*
*de rendirnos y abrazar*
*la tempestad que*
*tiembla tenazmente en*
*la cúpula interna*
*de nuestra soledad?*

# I KNOW I LOVE YOU

*I know I love you*
*when I feel*
*the ecstasy and rapture*
*in my inner chambers of presence*
*and I visit yours.*

*I know I love you*
*when my fears palpate*
*the cruel edge of agony*
*in my inner plains,*
*and I sense yours.*

*Then I hear*
*the unspoken,*
*traceless words*
*of the love*

*I have for you.*

# SÉ QUE TE QUIERO

*Sé que te quiero cuando*
*palpo el deleite y el embrujo*
*en la honda bóveda de mi ser*
*y palpo los tuyos.*

*Sé que te quiero*
*cuando mis temores*
*restriegan los médanos de agonía*
*en mi ser*
*y percibo los tuyos.*

*Entonces, oigo*
*el amor intrazable*
*que me extiendes*
*con tus suaves murmullos.*

# THE STAG

*To know joy,*
*you must look into the eyes*
*of a flouncing stag,*
*as he glides through the air,*
*and feel bliss.*

*To know kindness,*
*you must look into the eyes*
*of an entangled, frantic stag,*
*imagine you entangled,*
*and go forth and set him free.*

*To know sorrow,*
*you must look into the eyes*
*of a wounded stag,*
*imagine you in wounded state,*
*and have your eyes*
*well up with tears.*

*To know compassion,*
*you must look into the eyes*
*of the stag you aim to kill,*
*imagine you*
*in state of threat, and*
*step back,*
*and let him live.*

# EL CIERVO

*Para palpar alegría,*
*goza del saltante y deslizante ciervo,*
*y rebósate de estupefaciente embriaguez.*

*Para apreciar piedad,*
*fíjate en los ojos del atrapado ciervo,*
*imagínate atrapado,*
*desenlázalo*
*y déjalo escapar.*

*Para percatar tristeza,*
*fíjate en los ojos*
*del lacerado ciervo,*
*imagínate lacerado*
*y siente su dolor*
*en las entrañas de tu ser.*

*Para conocer compasión,*
*fíjate en los ojos del ciervo*
*que estás por cazar,*
*imagínate amenazado,*
*retírate, y déjalo vivir.*

# ENDURING LOVE

*Love comes in many guises,*
*poems, verse, and song.*

*Lover knows*
*beloved's soul is never known*
*and that paradise is found by sharing*
*the anguish and compassion*
*in each other's inner homes.*

# AMOR PERDURABLE

*El amor se expresa con*
*engaño, en poema, verso o canción.*

*El amante sabe*
*que el alma del amado*
*suele crear pura confusión y que el paraíso*
*se percibe compartiendo*
*la angustia y compasión*
*empotradas en las veredas*
*tibias en el fondo del corazón.*

# LONGING

*Fill my empty castle*
*with the sweet wine of poverty.*

*Fill it*
*with the honey and manna*
*of painful insanity.*

*Fill it*
*with the intoxicating nectar*
*of tolling bells*
*announcing a silent passing.*

*Fill it*
*With the throbbing anguish*
*of schizophrenics and paranoiacs.*

*Fill it,*
*that I may know*
*the soothing agony*
*of the healing hand*
*of longing.*

# ANHELOS

*Llena mi desamueblado Castillo*
*con el apacible néctar de pobreza.*

*Llénalo con la miel y maná*
*de agonizante demencia.*

*Llénalo*
*con los sonidos*
*de campanas*
*que doblan anunciando*
*el silencio de un fallecido.*

*Llénalo*
*con la abrumadora agonía*
*de esquizofrénicos y paranoicos.*

*¡Llénalo,*
*para que conozca*
*la balsámica agonía*
*de la mano cicatrizante*
*de ardientes deseos!*

# WHEN I NEED LOVE

*When I'm cold, you are the pelt*
*of impounded leopards*
*that warms my flesh.*

*When I'm hungry,*
*you are the longed-for*
*manna and honey*
*from heaven.*

*When I'm thirsty,*
*you are the spring that feeds*
*reckless mountain creeks.*

*When I need love,*
*I go to the gathering*
*of friends and foes*
*that never leave*
*the chamber of*
*my inner home.*

# CUANDO NECESITO AMOR

*Cuando tengo frío,*
*eres la piel*
*de leopardos enjaulados*
*que me abriga.*

*Cuando tengo hambre,*
*eres la anhelada*
*maná y miel de los cielos.*

*Cuando tengo sed,*
*eres el manantial*
*que engendra*
*riachuelos derrochantes.*

*Cuando necesito cariño,*
*acudo al venerado*
*rebaño de amigos y enemigos*
*empotrado en mi corazón.*

# MYSTERY

## MISTERIO

*Who loses and who wins; who is in,*

*who's out and take upon's the mystery of things,*

*as if we were God's spies and we'll wear out,*

*in a walled prison,*

*packs and sets of great ones*

*that ebb and flow by the moon.*

**~ William Shakespeare**

# TREES

*Suckling the Earth*
*for nourishment*
*~ the Earth from*
*whence all comes.*

*The Earth that engenders*
*the entrails of all existence.*

*Spawning sprouts*
*that burgeon into copious,*
*bucolic forests.*

*Have you noticed*
*that we are not trees?*

*Or are we?*

# ÁRBOLES

*Para nutrimento,*
*lactan el pecho de la Tierra*
*~ la que a todos*
*la vida nos da.*

*La que engendra*
*las profundidades*
*de nuestra existencia.*

*Brotando*
*retoños arborescentes que*
*rebrotan en copiosos*
*y bucólicos bosques.*

*Aun así, ¿has notado*
*que no somos árboles?*

*¿O somos?*

# MOUNTAIN

*When I look at the splendor*
*of the hushed mountain's*
*shadowy contours*
*sculpted by the rays of the ending day,*

*I'm awed by its message.*

*It's as if it spoke to me*
*without words or innuendoes.*

*It's as if its consoling message*
*needed no explanation,*
*no deciphering or*
*interpretation.*

*Its silence*
*speaks and reinforces*
*my hidden, unexpressed*
*capacity to speak without words...*
*see without eyes...*

*hear without ears...*
*touch without hands...*
*and walk without feet*
*through the fields of Elysium.*

*When I look at*
*that bucolic mountain,*
*I slowly begin to undrape,*
*unravel, and understand*
*the neurotic games I play*
*and the hidden fears*
*that mortify me...*
*so that like the mountain,*
*my silence speaks to me*
*without words, without innuendos.*

*It's the Prelude*
*that prophetically forecasts*
*the reason for being.*

# MONTAÑA

*Al deslizar la vista*
*sobre los espléndidos*
*y penumbrosos contornos*
*de la silenciosa montaña*
*esculpidos por*
*los últimos rayos del día,*
*me exalta su mensaje.*

*Es como si la montaña*
*me platicara*
*sin palabras o insinuaciones.*

*Es como si su confortante mensaje*
*no necesitase de explicación,*
*desciframiento o interpretación alguna.*

*Su silencio*
*revela y refuerza mi*
*inexpresiva y furtiva capacidad*
*de hablar sin palabras…*

*ver sin ojos...*
*oír sin oídos...*
*palpar sin manos...*
*y caminar sin piernas*
*sobre las praderas de Elíseos.*

*Al percibir el panorama*
*de la bucólica montaña,*
*lentamente comienzo*
*a desvestir, desenredar*
*y entender*
*los neuróticos juegos*
*y mortificantes terrores*
*que me flagelan...*
*para que, como las montañas,*
*mi silencio*
*grite sin palabras,*
*sin insinuación alguna.*

*El Preludio*
*que proféticamente divulga*
*el porqué de la vida.*

# THE MOON AND JUPITER

*Can you see Jupiter,*
*indefatigably chasing*
*a bright crescent moon,*
*on that passive, cloudless,*
*cerulean sky?*

*So near to each other,*
*they seem,*
*yet so far.*

*So serene!*

*It's as if they were*
*roving together*
*in a palliative realm*
*of euphoric nothingness.*

*A fulfilled,*
*destinationless pilgrimage*
*to places unknown.*

# LA LUNA Y JÚPITER

*¿Veis a Júpiter,*
*despampanantemente persiguiendo*
*una brillante medialuna*
*en ese sosegado,*
*cerúleo cielo,*
*desnudado de nubes*
*después de caer el día?*

*¡Tan juntos y serenos se ven,*
*pero tan alejados uno de otro!*

*Es como si estuviesen*
*peregrinando juntos*
*en un paliativo,*
*eufórico reino vacío.*

*Peregrinación embriagante,*
*hacia destinos desconocidos.*

# FLOWERS

*Whence come these transient*
*expressions of Nature?*
*What's the purpose*
*of their color, fragrance, and splendor*
*to end up as withered,*
*inexplicable piles of dust?*

*Where do lifeless,*
*wilted flowers go?*

*Only gods,*
*embodied or imagined*
*can answer such.*

*The essence of a flower,*
*is a flower.*

*In the ephemeral ambits*
*of this turbulent*
*world we live in,*
*obscured by*
*sweet-sour oscillations*
*of emotions,*
*a flower it is not.*

# FLORES

¿De dónde emanan estas
expresiones transitorias
de la Naturaleza?

¿Qué propósito tienen
su color, fragancia y esplendor
para luego terminar
en inexplicables
pilas de cenizas?

¿Cuál es el destino
de marchitadas
y fallecidas flores?

Solamente dioses,
encarnados o imaginados,
pueden explicar
misterios como éstos.

*La esencia de una flor,*
*es una flor.*
*En los fugaces ámbitos*
*de esta tierra alborotada,*
*empañada por una*
*atmósfera agridulces emociones,*
*una flor no es.*

# TOO BUSY FOR NONSENSE

*Heavens splashed with*
*multicolored hues*
*by daybreak's sun rays.*

*Discordant shadows and furrows*
*on the sidewalk*
*sketched by the light of a blooming*
*moon.*

*Wind,*
*making its presence known*
*in the filigreed branches*
*of the tree broadcasting the arrival*
*of a looming storm.*

*Early spring hills*
*draped with quilts*
*of burgeoning wild flowers.*

*Imposing bucolic mountains*
*contoured by waves*
*of canyons and gorges.*

*A child's irrepressible smile,*
*at the site of a*
*nurturing mother's face.*

*Dissonant chirping of early-*
*morning, begging hatchlings.*
*Tintinnabulation of church bells*
*infringing on the silence*
*of daybreak.*

*You might be interested in savoring*
*the thrill and mystery of these...*

*Yet again, you might be too busy*
*for such nonsense.*

# MUY OCUPADO PARA TONTERÍAS

*Cielo decorado con los tenues*
*colores de los últimos rayos de sol*
*que al día le da la bienvenida.*

*Discordantes sombras y contornos*
*esbozados en las aceras*
*por la luz de una luna llena.*

*Silbido del viento exponiendo su*
*presencia en las afiligranadas*
*ramas del árbol anunciando la*
*llegada de inminente tempestad.*

*Colinas primaverales*
*con faldas de coloridas flores.*
*Imponentes frondosas montañas*
*esculpidas por ondulantes cañones*
*y desfiladeros.*

*La irreprimible sonrisa*
*de un infante,*
*al ver la cara de su madre.*

*Disonantes chillidos matutinos de*
*demandantes pajarillos.*

*Tintineo de alegres campanas mañaneras*
*interrumpiendo el silencio del alba.*

*¿Quizás te interese*
*la euforia de misterios como*
*éstos?*

*Pero posiblemente,*
*para tonterías como éstas*
*el tiempo no tendrás.*

# UNDECIPHERABLE SECRETS

*There I stood, looking at the*
*clusters of eerie rock*
*formations on antediluvian*
*mountains that surround arid*
*southern deserts.*

*It seems as if they were forged*
*by the hands of young boys*
*working a jigsaw puzzle,*
*fitting boulder into precise*
*places, as if they were building*
*the unrivaled Castillo de*
*Almodóvar or a fortress of*
*ancient Rome.*

*The hands of young boys,*
*famous for their mysterious pranks,*
*creating, from nothing, such*
*majestic bastions of stone.*

*Such undecipherable secrets!*

# INDESCIFRABLES SECRETOS

*Allí me detuve,*
*contemplando el conglomerado*
*de espeluznantes formaciones*
*peñascosas en las vetustas*
*montañas que rodean el*
*árido desierto sureño.*

*Parece que fueron forjadas*
*por las manos de chavalitos*
*armando un rompecabezas,*
*colocando cada peñasco en su*
*preciso lugar, como si estuviesen*
*construyendo el incomparable*
*Castillo de Almodóvar o una*
*fortaleza romana de antaño.*

*Manos de famosos mozalbetes
conocidos por sus misteriosas
travesuras, jugando libres y
confiados hasta las tantas de la
noche, convirtiendo de la nada a
majestuosos peñascales.*

*¡Qué indescifrables secretos!*

# THE DOUBTING MIND OF SOCRATES

*What do I know?*

*What do I see?*

*Such ambiguity*
*~ the binnacle of water*
*that quenches the truth we seek.*

*How illogical,*
*the logic of the traumatized*
*who do not wish to doubt.*

*He who lives is a world*
*of the absolved*
*of unforgivable sins.*

*He who sees not*
*the truth within*
*those who encase*
*the truth from those who see.*
*How misleading,*

*the image of the wilderness.*

*Images that keep us*
*from perceiving the essence*
*of the wild world in which we live.*

*How can we not see and perceive*
*that we are transient expressions of*
*Nature*
*~ effigies of the truth?*

*Beings that console themselves,*
*mindful of the healing power*
*of the flame of doubt.*

*Yet,*
*how painful*
*the flame of doubt*
*on the insane!*
*What relief and consolation*
*feels he*
*who sees doubt*
*as the healing balm of truth!*

# LA MENTE DUDOSA DE SÓCRATES

*¿Qué sé?*

*¿Qué veo?*

*Es el mundo de la duda*
*~ la bitácora de lluvia*
*que aplaca la sed de*
*la verdad que buscamos.*

*¡Qué ilógica la lógica*
*del trastornado*
*que detesta dudar.*

*El que vive en un mundo*
*de perdonados*
*por imperdonables pecados.*

*Aquél que no ve la verdad*
*en la capa de duda*
*que abriga al que ve.*
*¡Qué engañosa*
*la imagen del bosque!*

*La que intenta ocultar la realidad*
*de la rústica esencia*
*del ámbito en que vivimos.*

*¿Por qué no podemos reconocer*
*que somos entes transitorios de la*
*Naturaleza*
*~ simples efigies de la verdad?*

*¡Qué alivio y consuelo*
*siente el que abraza*
*la energía balsámica*
*de la llama de duda!*

*Entes que se consuelan,*
*abrazando la energía balsámica*
*de la llama de duda.*
*¡Aun así, qué dolorosa tiene*
*que ser la llama de duda del*
*enloquecido!*

*¡Qué alivio y consuelo*
*siente el que abraza la*
*energía balsámica*
*de la llama de duda!*

# DESERT DOVE

*You,*
*nervous, delicate desert dove,*
*threatened by the predatory*
*façade*
*of my manifestation.*

*Fear not defenseless*
*expression of Nature.*

*From the earth*
*we've both spawned*
*to entrust our simplicity*
*to a complex and*
*mysterious domain.*

*To enjoy the splendor*
*of warm evenings*
*and the stellar nursery*
*on moonless desert skies.*

*To relinquish*
*our fragile existence*
*to inexplicable, manipulative*
*forces of Nature.*

*Why would I deprecate*
*and violate*
*your innocence,*
*you nervous,*
*delicate desert dove?*

# PALOMA DEL DESIERTO

*Tú,*
*nerviosa y delicada paloma*
*del desierto, amenazada*
*por la predadora manifestación*
*de mi presencia.*

*Para gozar del esplendor*
*de cálidas noches,*
*salpicadas de estrellas*
*que alumbran los cielos,*
*no me temas indefensa expresión*
*de la Naturaleza.*

*De la tierra*
*ambos emanamos*
*para encomendar*
*nuestra sencillez*
*a un complejo*
*y misterioso abismo*
*de desiertos sureños.*

*Para entregar*
*nuestra frágil existencia*
*a inexplicables*
*y manipuladoras fuerzas.*

*¿Por qué violar y denegar*
*tu inocencia,*
*tú, nerviosa y delicada*
*paloma del desierto?*

# DISSECTION

*Cadaver dissected.*

*Beyond belief, the chaos*
*of juxtaposed structures*
*that once performed in concert.*

*Not unlike the interplay*
*of musicians of a*
*well-conducted symphony*
*to maintain the vitality*
*of what once was.*

*Then,*
*desperately and indefatigably*
*we search for the soul.*

*Such is our quest*
*for the indemonstrable,*
*the inapprehensible.*

*We search and search*
*for the palpability of consciousness.*

*An unquenchable thirst*
*for scrutinizing and finding*
*the identitylessness*
*and identifylessness of the soul*
*~ a place where we see nothing but*
*confusing vacuity.*

*That empty space*
*where everything exists.*

*No matter how well expressed,*
*in the form of verse,*
*poetry or prose, on a canvas*
*or a block of marble*
*the cycle of our existence*
*continues to be,*
*no less confusing than ever.*

# DISECCIÓN

*Cadáver diseccionado.*
*Inconcebible, el caos*
*de estructuras yuxtapuestas*
*que en su tiempo*
*actuaban concertadamente.*

*Como la interacción recíproca de*
*músicos de una orquesta sinfónica*
*bajo la batuta de un diestro maestro*
*tocando aunadamente para mantener*
*la vitalidad de una fuga que en su*
*tiempo existía.*

*Luego,*
*desesperada e infatigablemente*
*buscamos el alma.*

*Así es nuestra búsqueda*
*de lo indemostrable,*
*lo enigmático.*

Una inextinguible sed
de diseccionar y encontrar
el alma y la consciencia
~ ente sin entidad
que jamás podrá ser identificado.

Lugar donde nada
puede ser observado
sino un confuso vacuo.

El vacío donde todo existe.

Por más que se exprese,
ya sea en la forma de verso,
poesía, pintado en lienzo
o esculpido en mármol...
el ciclo de nuestra existencia...
sigue siendo
más misterioso que nunca.

# UNEXPLORED HIGHWAYS

*From abraded heart oozed tears*
*of chaotic and blissful by-gone days.*

*Days filled with the fear*
*of trekking through*
*unexplored highways*
*with unknown destinations.*

*Schizophrenic fears*
*that were lost*
*once the highways*
*were explored.*

# SENDEROS INEXPLORADOS

*Del áspero corazón*
*brotaban lágrimas*
*de recuerdos*
*agridulces de antaño.*

*Días colmados de pavor*
*ambulando sin saber hacia dónde.*

*Esquizofrénicos temores,*
*descartados*
*al decidirme explorarlos.*

# GODS

*Some deem them*
*as embodied or forged beings.*

*Others label them*
*as the Universe.*

*Others*
*deny their existence.*

*Some*
*doubt their existence.*

*Is "god"*
*a euphemism for "mystery"?*

*Is "mystery"*
*a euphemism for "god"?*

# DIOSES

*Algunos los declaran*
*entes encarnados o  ingeniados.*

*Otros los convocan*
*el «Universo».*

*Algunos*
*niegan su existencia.*

*Otros*
*dudan de su existencia.*

*¿Es «dios»*
*eufemismo de «misterio»?*

*¿Es «misterio»*
*eufemismo de «dios»?*

# THE CAMERA AND THE PENCIL

*Colorful toucan,*
*exotic plumage and beak*
*of yellowish ivory*
*encrusted with discarded ebony.*

*With the lens of my camera,*
*your façade I capture.*

*With my pencil, the*
*inner chambers*
*of your reality I perceive.*

# LA CÁMARA Y EL LÁPIZ

*Lujurioso tucán,*
*exótico plumaje*
*y pico de marfil vetusto*
*incrustado con ébano descartado.*

*Con el lente de mi cámara*
*capto tu fachada.*

*Con el lápiz capto*
*la interna cripta*
*de tu ser.*

# CONUNDRUM

*My doubts...*
*yours.*

*My wounds...*
*yours.*

*My suffering...*
*yours.*

*My ecstasy...*
*yours.*

*My nothingness...*
*yours.*

*Is it the vicarious atonement*
*that unites us?*

# ENIGMA

*Mis dudas...*
*las tuyas.*

*Mis heridas...*
*las tuyas.*

*Mi sufrimiento...*
*el tuyo.*

*Mi deleite...*
*el tuyo.*

*Mi insipidez...*
*la tuya.*

*¿Es la enmienda vicaria*
*que nos enlaza?*

# DAWN

*Dawn cracks.*

*The flesh craves arousing*
*and the mind jolting.*

*Whom do I turn to*
*to arouse the flesh*
*and jolt the mind?*

# EL ALBA

*Estalla el alba.*

*El cuerpo desea despertar*
*y la mente,*
*una buena sacudida.*

*¿A quién me dirijo*
*para despertar el cuerpo*
*y sacudir la mente?*

# AS YOU SEE IT

*The world is,*
*as you see it.*

*As you see it,*
*the world is not.*

*The world is,*
*as it is.*

*What is,*
*you may not see.*

# CÓMO LO PERCIBES

*El mundo es,*
*como lo percibes.*

*Cómo lo percibes,*
*el mundo no es.*

*El mundo es,*
*cómo es.*

*Lo que es,*
*quizás no lo ves.*

# PROVIDENCE

*Begging for Providence*
*to intervene,*
*foolishly was I*
*trying to escape accepting*
*the reality of absurdity.*

*The only thing*
*we can count on,*
*is that Providence*
*often fails to restrain*
*cravings and desires,*
*or disentangle and expunge*
*neurotic grimy memories*
*of the past.*

*Why attempt*
*to have Providence*
*manipulate absurdity*
*when all we can foretell is*
*that we've embarked*
*on a galleon that*
*is doomed to sink*
*into an abyss of*
*uncertainty and doubt?*

*Relish the miracle and mystery*
*of every moment*
*of the crossing*
*~ not the final destination.*

# LA PROVIDENCIA

*Rogando que la Providencia intervenga,*
*navegaba en galeón*
*sobre turbulentos mares*
*tratando de escapar*
*la ineludible absurdidad*
*~ la única realidad.*

*Es en lo que único*
*en que podemos contar.*

*Es que frecuentemente la Providencia*
*no logra refrenar*
*irrefrenables deseos*
*o desmenuzar y expurgar*
*neuróticas memorias polvorientas*
*del pasado.*

*¿Por qué rogar que la Providencia*
*manipule la realidad*
*de la absurdidad cuando lo único*
*que podemos pronosticar*
*con certidumbre*
*es que hemos abordado*
*un galeón destinado*
*a naufragar y desaparecer*
*en las tinieblas*
*de ambigüedad y duda?*

*Saborea el milagro y el misterio*
*de cada momento de la jornada*
*~ no el destino final.*

# CELESTIAL PARADISE

*Can you see the silhouette*
*of the mountain range sketched*
*by the mysterious glimmer of dusk?*

*Can you see*
*the heavens sparkle*
*with an explosion of purples,*
*oranges, and reds,*
*resisting the unavoidable*
*hours of darkness?*

*What joy*
*to let desires perch*
*on this stunning*
*blink-of-an-eye*
*celestial paradise!*

*What a sin it would be*
*to blink and*
*let that celestial paradise*
*go unseen!*

# PARAÍSO CELESTIAL

*¿Veis la silueta*
*de las montañas*
*tallada por el misterioso*
*resplandor del sol*
*que del día se despide?*

*¿Veis el cielo*
*vestido con una detonación*
*de tonos violáceos y rojizos,*
*resistiendo la ineludible*
*puesta del sol?*

*¡Qué prodigio poder encajar*
*la vista en este fugaz*
*paraíso celestial!*

*¡Qué pecado sería*
*pestañear y*
*desperdiciar*
*ese paraíso celestial!*

# A WELL-DESERVED VACATION
# FROM THINKING

*Let's take a well-deserved vacation*
*from thinking and never return.*

*Let's go to that place*
*where all we hear*
*is the sound that's there.*

*Where all we see is*
*what we've never seen before.*

*Where all we smell is*
*the aroma of the until-now*
*ignored strange flowers.*

*Where all we taste is*
*the sweet nectar*
*of the early morning honey suckles.*

*Let's take walks*
*over pebbled trails*
*and cobbled-stoned pathways*
*just to feel the massaging*
*of fingers under our feet...*
*rough ones... smooth ones.*

*Yes,*
*let's take a well-deserved vacation*
*from thinking*
*and never return.*
*Let's go to that place*
*where thinking is a waste of time...*
*and not thinking is everything.*

# BIEN MERECIDAS VACACIONES SIN TENER QUE PENSAR

*Tomemos unas*
*bien merecidas vacaciones*
*sin tener que pensar*
*y nunca regresar.*

*Vayamos a ese lugar*
*dónde sólo oímos*
*lo que nunca hemos oído.*

*Dónde sólo vemos*
*lo que nunca hemos visto.*

*Dónde lo único que olemos*
*es el aroma de las ignoradas*
*flores silvestres.*

*Dónde lo que único saboreamos*
*es el gustoso néctar*
*de la mañanera madreselva.*

*Andemos sobre*
*senderos de grava*
*y veredas adoquinadas*
*para percibir el suave y áspero*
*masaje en las plantas de los pies.*

*Sí,*
*tomemos unas bien*
*merecidas vacaciones*
*sin tener que pensar*
*y nunca regresar.*

*Escapémonos a ese lugar*
*donde el pensar*
*es pura pérdida de tiempo*
*y lo que indudablemente importa*
*es el dejar de pensar.*

# NOW

## AHORA

*Remember then:*

*There is only one time that is important*

*~ Now!*

*It is the most important time because it is the*

*only time when we have any power.*

**~ *Leo Tolstoy***

# YOGA

*More than a ritual*
*that tones and sculpts*
*our ephemeral body.*

*A flow that lets the self*
*perceive a mutable whirlpool*
*of sorrows and ecstasy*
*that plagues and delights*
*the everydayness*
*of our existence.*

*A performance of grace and precision*
*that melds the conscious mind*
*with the subconscious realms*
*of the inner chambers of presence.*

*Revealing that*
*the hatred, greed, and delusions*
*that beleaguer our spirit can be tamed.*

*Exposing the love and compassion*
*attainable in the impermanent*
*ambits of our now.*

*That its reward is witnessing*
*the exquisiteness*
*of our existence*
*~ the surprises and revelations*
*that swirl in the whimsical*
*cacophony of life.*

# YOGA

*Más que un rito*
*que tonifica y esculpe*
*este efímero cuerpo.*

*Ondulación que permite*
*percatarnos*
*del torbellino*
*de penas y éxtasis*
*que afligen y deleitan*
*la cotidianidad*
*de nuestra vida.*

*Faena de gracia y precisión*
*que vincula la mente y consciencia*
*con las atávicas esferas de*
*nuestra interna bóveda de soledad.*

*Revelando que*
*el odio, codicia y decepción*
*que hostigan el espíritu*
*pueden ser domesticados.*

*Desenmascarando*
*el amor y la compasión*
*alcanzable dentro*
*de los ámbitos*
*de este momento.*

*Que su premio*
*nos permite testimoniar*
*la exquisitez*
*de nuestros días en este planeta*
*~ las sorpresas y revelaciones*
*que remolinean en nuestra*
*caprichosa y cacofónica existencia.*

# SACK OF BURLAP

*Trapped and ensnared*
*in a sack of burlap,*
*the marmoset desperately,*
*but unsuccessfully, tries*
*to free herself*
*with a corroded crochet*
*hook, until a voice inside her tells her:*

*"Everything is impeccably well*
*~ just the way that it should be."*

# SACO DE ARPILLERA

*Atrapado e inmovilizado*
*en el saco de arpillera,*
*infatigablemente, pero en vano,*
*trata el zorrillo de escaparse*
*con una deteriorada aguja de tejer,*
*hasta que una voz*
*emanante de sus entrañas*
*le solfea:*

*«Todo está impecablemente bien*
*~ tal como debe ser».*

# GARBAGE

*Take out the garbage, George,*
*and dump it*
*without sifting through*
*the thrown-out scraps*
*from prior meals*
*or the ripped-up snapshots*
*of yester years.*

*Just dump out the garbage, George,*
*and come enjoy*
*this evening's meal.*

# BASURA

*Tira la basura, Jorge,*
*sin rebuscar*
*los desperdicios*
*de nuestra última cena o*
*las descartadas fotos*
*antaños.*

*¡Tírala, Jorge*
*y ven a gozar de la cena*
*de hoy día.*

# REALITY

*Reality,*
*on the left side of now,*
*tends to be schizophrenic*
*and mortifying,*
*but regrettably*
*inextinguishable*
*and unchangeable.*

*On the right side of now,*
*Reality tends to be suspect.*

*In the now,*
*Reality is.*

# REALIDAD

*Realidad,*
*a la izquierda de este momento,*
*suele ser esquizofrénica y mortificante,*
*pero trágicamente inextinguible e inmutable.*

*A la derecha este momento,*
*Realidad*
*suele ser pura sospecha.*

*En este dado momento,*
*Realidad es.*

# AUTHOR'S PAGE

Early in the 1980s I met Jon Kabat-Zinn, Ph.D. and Saki Santorelli, Ed.D., at the Center for Mindfulness in Medicine, Healthcare, and Society at the University of Massachusetts Medical School. At that time, I was the Director of Immunohematology Research at the Medical School, and the unwarranted stress associated with the pressures of academia was beginning to have a very negative impact on my life.

On top of that, I was going through the process of a divorce, had recently been diagnosed with a bipolar disorder, and was fraught with nightmares and flashbacks of the horrors of dealing with mutilated bodies in the morgue and the sight of amputees learning how to walk with prosthetic legs in the courtyard in front of my office at the Naval Hospital in Oakland, California, where I was serving as a Medical Service Corps Officer during the Vietnam Conflict. In essence, I found myself struggling to survive against mortality with days of remission and days of exacerbation in a world suffused with a mélange of physical and emotional misperceptions.

Given that scenario, one afternoon, while in the medical school library, I saw Jon and Saki sitting on cushions with a group of medical students and patients with their hands folded on their laps and their eyes closed in the rare book room.

Later that day, I ran into Jon and asked him what he was doing. He said they were practicing mindfulness meditation, which evidence was beginning to show that it allowed patients to deal with cycles of pain that do not respond well to medications.

After a brief conversation with him, he convinced me to enroll in his next eight-week Mindfulness-Based Stress Reduction Program.

Within weeks into the program, something Jon said in class kept resonating within me, "The best time to be happy is now, the best place to be happy is here, and as long as you are breathing, there is more right with you than there is wrong."

As anemic as it may sound, after hours of silence spent within my inner chambers of presence, I recognized that my stressful life as a research scientist had to end. So, to make a long story short, I went to the office of the chairman of the Pathology Department and the turned in my letter of resignation and ended my career as a research scientist.

And, since the day I walked away from the medical school, most of my life has been dedicated to, as I stated before, being happy, making others happy, alleviating the suffering of those who suffer. It is not something we do on our free time or when it's convenient.

I took a few days off to take stock of my skills, and within a few months, given my aptitude and passion for writing in English and Spanish and my knowledge of basic science, I launched CC Scientific, a Medico-Legal Translation Services, that eventually grew to an eleven-employee organization, serving the biomedical, legal, and financial services industries since the early 1980s.

In the meantime, my infatuation with mindfulness led me to train as a Mindfulness Meditation Instructor, a Certified Life Coach, a Registered Yoga Instructor, and eventually establish the Stress Management & Prevention Center in 1999.

As an author, most of my work appears in the peer-reviewed scientific literature. As a poet, the verses and poetry I write emanate from the anguish I have personally experienced the agony I see in the clients coping with their physical and emotional suffering who come to my Center.

My intent is to have the reader recognize our consanguinity with each other. Where we recognize that, the distance between "Us" and "Them" begins to dissolve and we can begin to resonate with each other by sharing our underlying innermost wisdom with each other. It is then, and only then, that we can start living as citizens enjoying the principles of isopolity, or isopolíteía, established by the Greek philosopher Aristotle (384-322 b.c.), where we can share mutual rights and have the liberty to express ourselves freely without fearing the chaos that endangers our blink-of-an-eye existence on this planet.

### *To reach Dr. Jaime Carlo-Casellas:*

His email: casellas@stressprevention.org
His phone: 1-760-464-2150
His website: www.stressprevention.org

# PÁGINA DEL AUTOR

A principios del decenio de 1980, conocí a Jon Kabat-Zinn, Ph.D., y Saki Santorelli, Ed.D., en el Center for Mindfulness in Medicine, Healthcare, and Society en la Escuela de Medicina de la Universidad de Massachusetts. En aquel momento, yo era el Director de Investigaciones de Inmunohematología en la dicha universidad y el injustificado estrés relacionado con mis obligaciones científicas estaban comenzando a impactar mi vida severamente.

Además, me hallaba en pleno trámites de un divorcio, había sido diagnosticado recientemente con el trastorno bipolar y estrés postraumático ~ batallando con las regresiones, pesadillas y escenas de los horrores de ver los cuerpos mutilados en la morgue y los amputados aprendiendo a caminar con piernas protésicas en el patio frente a mi oficina en el Hospital Naval de Oakland, California, donde había estado destacado como Oficial del Cuerpo de Servicios Médicos durante el Conflicto de Vietnam. Básicamente, me encontraba luchando por sobrevivir contra la mortalidad, con días de remisión y días de exacerbación en un mundo infundido con una mezcolanza de percepciones físicas y emocionales erróneas.

Considerando ese escenario, una tarde, me encontraba en la biblioteca de la escuela de medicina. Observé a Jon y Saki sentados en cojines en el salón de libros antiguos con un grupo de estudiantes medicina y pacientes con sus manos cruzadas colocadas en las rodillas y sus ojos cerrados.

Más tarde ese día, me encontré con Jon y le pregunté qué estaban haciendo. Me comentó que estaban practicando la meditación de plena atención, o sea "mindfulness meditation", puesto que la evidencia científica había comenzado a mostrar que dicho estilo de meditación le permitía a los pacientes a lidiar con ciclos de dolor que no respondían satisfactoriamente a los medicamentos profilácticos y tratamiento hospitalario estándar.

Después de una breve conversación, Jon me convenció a inscribirme en su próximo programa de ocho semanas de Reducción de Estrés Basado en la Atención Plena.

Dentro de pocas semanas después de comenzar el programa, algo que Jon dijo seguía resonando en mis entrañas, "El mejor momento de ser feliz es éste. El mejor lugar para ser feliz es éste y mientras estés respirando, te caracterizas más por lo bueno que eres que por lo malo."

Tan anémico como suele sonar, después de varias horas de pensar silenciosamente, reconocí que mi estresante vida como investigador científico tenía que terminar. Para ser breve, me dirigí a la oficina del Director del Departamento de Patología y le entregué mi carta de dimisión y terminé mi carrera como investigador científico.

Y desde ese día me alejé de la escuela de medicina y comencé a dedicarme a ser feliz, hacer felices a otros y aliviar el sufrimiento del que sufre.

Me tomé unos días para evaluar mis destrezas y dentro de pocos meses, dada mi aptitud y pasión para escribir en inglés y español, así como mi conocimiento de las ciencias básicas, lancé mi negocio propio, CC Scientific, un servicio de traducciones medicolegales, el cual con el tiempo creció hasta convertirse en una empresa con once empleados, brindándole servicio a las industrias biomédicas, de servicios jurídicos, servicios financieros, desde principios del decenio de 1980.

Mientras tanto, mi fascinación con la atención plena me condujo a recibir entrenamiento como instructor de atención plena, recibir mi certificado como consejero personal (conocido en inglés como "life coach"), instructor de yoga registrado y establecer el Stress Management & Prevention Center en 1999.

Como autor, la mayoría de mis obras aparecen en publicaciones científicas revisadas por otros colegas. Como poeta, los versos y poesías que escribo, emanan de la angustia que personalmente he sufrido y la agonía que he presenciado en los clientes que acuden a mi Centro.

Mi propósito es hacer que el lector reconozca nuestra consanguinidad. Donde reconozcamos que el ser humano puede vivir en un mundo donde la distancia entre "nosotros" y "ellos" no existe ~ un ambiente donde podemos resonar y compartir nuestras más recónditas experiencias mutuamente. Es en ese momento y sólo en ese momento que nosotros podremos comenzar a vivir como ciudadanos que gozan de la filosofía de isopolitia (isopolīteía) del filósofo griego, Aristóteles (384-322 b.c.), la cual predica que el hombre puede compartir derechos recíprocos y expresarse libremente sin temor al caos que pone en peligro nuestra corta existencia en este planeta.

### *Para comunicarse con el Dr. Jaime R. Carlo-Casellas:*

Su correo electrónico: casellas@stressprevention.org
Su teléfono: 1-760-464-2150
Su página web: www.stressprevention.org

38341082R00157

Made in the USA
Middletown, DE
07 March 2019